Wilhelm Kannergiesser

# Formel P

Wilhelm Kannengiesser

# Formel P

Penisvergrößerung
Potenzaufbau
Prostatatraining
Ein effektives
Selbshilfeprogramm

imv
information und
medien verlag

*Die Deutsche Bibliothek –
CIP-Einheitsaufnahme*

**Kannengiesser, Wilhelm:**
Formel P : Penisvergrößerung,
Potenzaufbau, Prostatatraining ;
ein effektives Selbsthilfepro-
gramm / Wilhelm Kannengiesser.
– Stuttgart : Information-und-
Medien-Verl., 1994
ISBN 3-930554-02-X



Umschlaggestaltung:
CYCLUS, Stuttgart

Druck: Laub GmbH & Co,
Elztal-Dallau

Printed in Germany

# Lieber Leser,

Sie lesen ein Buch, einen Ratgeber, das es bisher so noch nicht gegeben hat.

Sicherlich, es gibt viele Bücher, die sich mit Sexualität beschäftigen. Es gibt viele Bücher, die Ihnen sagen, daß die Penislänge nicht von Interesse sei und daß eine Frau auf solch „lapidare" Äußerlichkeiten keinen Wert legt. Doch was nützt das einem Mann, der aufgrund seiner Penisgröße leidet, sogar verspottet wird. Welchen effektiven Nutzen kann dieser Mensch aus solchen Publikationen ziehen?

Es gibt zahlreiche Bücher, die Ihnen viele Ratschläge bei Impotenz und Erektionsstörungen geben. Doch meistens laufen die Ratschläge alle in Richtung Psyche und sonstigen Hokus-Pokus. Sie erhalten Tips, die leider keinerlei Veränderung erzielen.

Auch für ein weiteres sehr ernstes Thema, nämlich Prostatabeschwerden, geben Ihnen viele Autoren diverse Ratschläge. Der Erfolg? Er stellt sich auch hier nicht ein.

Dieser Ratgeber ist deshalb so einmalig, weil Sie hier auf einfache Weise erfahren, wie Sie selbst etwas für Ihre Gesundheit tun können.

Ich gebe Ihnen eine exakte Anleitung in die Hand. Eine Anleitung, die Ihnen Mittel und Wege zeigt, wie Sie garantiert deutliche Veränderungen erreichen können.

Wenn Sie bereit sind, aufgeschlossen und ohne Vorurteile dieses Buch zu lesen, werden Sie bemerken, daß das von mir aufgezeigte Heilverfahren schon seit sehr langer Zeit bekannt ist.

Und wenn Sie bereit sind, das eine oder andere Trainingsverfahren auszuprobieren, dann werden Sie feststellen, daß ich Ihnen nicht zu viel versprochen habe.

Der Mensch ist für seine Gesundheit selbst verantwortlich. Die Verantwortung für seinen Lebensstil trägt jeder einzelne selbst. Wer heute noch zu Alkohol, Nikotin und sonstigen Genußgiften greift, kann keine Regierung, keine Versicherung oder die Medizin allgemein für sein Befinden verantwortlich machen. Schuld trägt einzig und allein er selbst.



Findet der Kranke aber keinerlei Hilfe und Therapiemöglichkeiten in der Schulmedizin, ist es verständlich, daß er zur Naturheilmedizin übergeht.

Sobald er sich aber in vermeintlichen Tabu-Zonen bewegt, wenn die Schulmediziner oder gar die Homöopathen nicht aufgeschlossen genug sind, neue Wege zu gehen, dann schließen sich diese Menschen zu Selbsthilfegruppen zusammen. Das erklärt auch, weshalb es in der Bundesrepublik Deutschland über 50.000 Vereine und Selbsthilfegruppen gibt.

Die Betroffen erhoffen sich, durch Austausch Ihrer Erfahrungen, gegenseitig helfen zu können.

Aus Scham und vermeintlichem Ekel ist aber die Sexualität, ganz besonders die Alterssexualität eine unserer größten Tabu-Zonen – auch noch in der heutigen Zeit.

Selbst viele unserer aufgeklärten Ärzte verschließen sich dieser Problematik.

Ich erkannte, daß das Schröpfen, auch Unterdrucktherapie genannt, ein äußerst gutes Heilverfahren ist. Bisher konnte man eine Schröpfung nur beim Heilpraktiker durchführen lassen. Mein Anliegen war es, durch Entwicklung entsprechender Geräte dieses Verfahren jedem Menschen zugänglich zu machen. Mein Bestreben war und ist es, daß jeder Mensch von dieser ausgezeichneten Naturheilmethode profitieren kann. Es muß jedem möglich sein, ohne großen finanziellen Aufwand, in völliger Anonymität, zu Hause eine positive Eigenbehandlung vorzunehmen.

Um mein Wissen stets zu perfektionieren, trat ich häufig mit Schulmedizinern in Kontakt. Doch leider schienen unsere Kliniken und Ärzte für die hier behandelten Themengebiete kein sonderliches Interesse haben; der Kontakt ließ sich nicht aufrecht erhalten.

Durch die große Resonanz der Anwender meiner Geräte, traten allerdings nach einer gewissen Zeit Ärzte an mich heran. Nachdem Patienten bei ihrem Arzt nachfragten und aufgrund der Eigenbehandlung unerklärliche (?) Erfolge aufweisen konnten, konnte sich der Arzt nicht länger verschließen. Heute, nach einer langen Zeit der Isolation, sind die Ärzte bereit, mit mir zusammen zu arbeiten.



Doch noch immer sind nicht alle Ärzte über die Unterdruckmethode informiert. So geschah es, daß sich die Krankenkassenvereinigungen aktiv mit mir in Verbindung setzten, um den Ärzten die Möglichkeit zu geben, die entsprechenden Artikel verschreiben zu können.

Zwischenzeitlich werden meine Erfindungen immer populärer, der tatsächliche Heileffekt immer bekannter, und nach kurzer Zeit berichteten Tageszeitungen, Zeitschriften und bereits mehrmals das Fernsehen über mich und meine Arbeit.

Leider bringt diese neue Popularität auch neue, ungeahnte Schwierigkeiten mit sich.

So bin ich und ganz besonders die Herstellerfirma Fröhle, einer regelrechten Kampagne, unter anderem durch den Bürgermeister meines Wohnortes, Herrn N. M., ausgesetzt.

Dieser Mannr, stört sich aus irgendwelchen Gründen an meiner Arbeit. Aufgrund seiner politischen Tätigkeit und seinen vielen Ämtern, hat er aber auch die Möglichkeit, regelmäßig für allerlei Schikanen zu sorgen. Herr N. M. schreckte auch nicht davor ab, das Gesundheitsamt zu mobilisieren. Hierdurch entstanden für mich große Probleme. Als allerdings ein Leiter des Landratsamt Balingen mir einen urologischen Forschungsbericht anvertraute, waren augenblicklich alle Zweifel der Gesundheitsämter beseitigt.

Nachdem der Bürgermeister feststellen mußte, daß er keinen Erfolg hatte, bediente er sich seiner anderen Kontakte, wie z. B. dem Leiter des Bauamtes in Balingen, um uns erneut zu schikanieren.

Für mich ist es völlig unverständlich, warum dieser Mensch sich so sehr über meine Arbeit ärgert. Für mich ist es aber auch unverständlich, warum Ämter sich scheinbar prinzipiell zunächst immer gegen mich stellen.

Arbeitsplätze, Gesundheit und menschliche Hilfe, so scheint es, sind wenn man sich in solch einer angeblichen Tabu-Zone bewegt, uninteressant!

Als ich jetzt sogar von einem Buchverlag gebeten wurde, mein Wissen über die Unterdruckmethode bekannt zu machen, war meine erste Befürchtung, durch erneutes öffentliches Erscheinen in weitere Konflikte gezogen zu werden.

Doch aufgrund der immer häufiger zu verzeichnenden positiven Resonanz von Anwendern, Ärzten und sogar der Krankenkassenvereinigungen, denke ich, daß ich mein Wissen wegen eines einzigen Nörglers, den Bedürftigen und Interessierten nicht verschließen darf!

Ich wünsche Ihnen Gesundheit und viel Erfolg.

Wilhelm Kannengiesser
Balingen/Dautmergen, im Sommer 1994

KAPITEL



# Die Wiederentdeckung eines bewährten Naturheilverfahrens

## Ein kurzer Ausflug in die Geschichte

Eine heute nahezu in Vergessenheit geratene Behandlungsmethode ist das Schröpfen. Unter Schröpfen versteht man das Erzeugen eines lokalen Unterdrucks. Die Heilwirkung des Schröpfens war schon lange vor der Akkupunktur bekannt. Das Verfahren war in allen Kulturkreisen aufzufinden. Der Schröpfkopf war das Wahrzeichen des Arztes. So findet er sich auch beispielsweise auf zahlreichen Münzen und Tempeln der alten Griechen wieder. Der große Arzt Hippokrates (460 bis 359 vor Christus), der Gründer der abendländischen Heilkunde, beschreibt in seinem Buch „Der Arzt", im siebten Kapitel: „Die Schröpfköpfe dienen dazu, lokale Krankheitsstoffe herauszuziehen und abzuleiten. Die Schröpfköpfe vertreiben Schmerzen und beseitigen Entzündungen ...". Bereits dieser kurze Ausflug in die Geschichte der Schröpfmethode läßt erkennen, welch breites Anwendungsspektrum für diese Methode schon im Altertum bekannt war. Heute weiß man, daß es noch wesentlich mehr Anwendungsbereiche für die Behandlung durch lokalen Unterdruck gibt, als die bislang aufgeführten. Neuere Anwendungsgebiete sind etwa die Behandlung am Kopf, die unter anderem bei Migräne, Ohrensausen und Halsschmerzen erfolgreich eingesetzt wird. Ebenso sind Behandlungen bei Asthma, Rheuma oder Entzündungen im organischen Bereich möglich und erfolgversprechend. In diesem Ratgeber wende ich mich nun im folgenden aber ausschließlich den typischen „Männerleiden" zu.

## Die Probleme der Männer

Viele Männer leiden heute, trotz aller medizinischen Fortschritte, an einer mehr oder weniger stark ausgeprägten Impotenz. Wurde hierüber früher normalerweise geschwiegen, so wollen heute Männer Rat und Hilfe. Praktisch hat jeder dritte Mann über kürzere oder längere Zeit sexuelle Funktionsstörungen. Man kann davon ausgehen, daß jeder achte bis zehnte Mann impotent ist. Auch Männer, die nicht unter Potenzproblemen zu leiden haben, sind oft mit Größe und Leistungsfähigkeit ihres Gliedes nicht zufrieden. Insbesondere hier lassen sich mit der lokalen Unterdruckmethode ganz gravierende Erfolge erzielen. Diese Methode ermöglicht sowohl eine dauerhafte Vergrößerung des Gliedes als auch die Fähigkeit, die Ejakulation länger zurückzuhalten. Nicht allgemein bekannt ist, daß jeder zweite Mann im Alter über 50 Jahren an einer Vergrößerung der Prostata leidet. Die Folgen dieser unnatürlichen Vergrößerung reichen von Impotenz bis Krebs. Bereits 80 Prozent der Männer über 60 Jahren haben dieses Leiden.



## Potenzstörungen

Für Potenzstörungen gibt es viele Ursachen. Besonders entscheidende Faktoren sind Streß und der regelmäßige Konsum von Genußgiften wie Alkohol, Tabletten und vor allem Nikotin. Nikotin ist hierbei der stärkste Potenzkiller. Nach Untersuchungen des Kingston General Hospital und der Queens University in Kingston, Kanada hat grundsätzlich jeder Raucher sexuelle Funktionsstörungen. Trotzdem wird dies kein Raucher zugeben wollen. Die sexuelle Leistung wird um bis zu 30 Prozent eingeschränkt. Die Beeinträchtigung geht vor allem von Nikotin und Kohlenmonoxyd aus. Hierdurch wird der Transport von Sauerstoff eingeschränkt. Kohlenmonoxyd schädigt die Innenwände der Blutgefäße. Nikotin verengt gleichzeitig die Blutgefäße. Das hat zur Folge, daß die ohnehin geringer durchbluteten Körperperipherien wie Finger, Zehen und Penis noch schwächer durchblutet werden. So ist die Unterkühlung durch Gefäßengstellung beim Penis nach mindestens drei bis vier Stunden noch feststellbar. Nicht uninteressant ist auch zu wissen, daß die Samenproduktion vom Volumen her bei Rauchern stark stark eingeschränkt ist. Raucher benötigen im Vergleich zu Nichtrauchern für eine Erektion bis zu 30 Prozent mehr Energie! Durch die Unterdruckmethode kann die Potenz in den meisten Fällen deutlich verbessert werden. Im Fall von Funktionsstörungen aufgrund von Genußgiften sollten Sie allerdings immer über eine Veränderung Ihres Konsumverhaltens nachdenken!

## Penisgröße und sexuelle Leistungsfähigkeit



Viele Männer sind mit der Größe Ihres Gliedes nicht zufrieden. Laut Kinsey-Report beträgt die durchschnittliche Penislänge im erigierten Zustand 15 Zentimeter von der Peniswurzel aus gemessen. Durch Anwendung der Unterdruckmethode haben Sie die Möglichkeit, wesentlich länger eine Erektion zu halten und Ihr Glied in Länge und Umfang deutlich zu vergrößern, was für ein erfülltes Sexualleben notwendig sein kann. Eine Vergrößerung des Gliedes mit Hilfe der Unterdruckmethode kommt sowohl im erigierten als auch im entspannten Zustand des Gliedes zum Tragen.

## Vergrößerung der Prostata

Die Vorsteherdrüse (Prostata) umschließt unterhalb der Blase die Harnröhre und produziert ein Gleitmittel für das Sperma. Durch allgemeines Nachlassen der altersbedingten Sexualität kann diese Drüse sich vergrößern oder sie beginnt zu wuchern. Dieses unkontrollierte Wachstum führt oftmals bis zum Krebs. Hierbei spielt auch die genetische Veranlagung eine ausschlaggebende Rolle. Jeder Mann erkennt die ersten Anzeichen durch erschwertes Harnlassen. Durch Harndrang wird der Mann oft nachts aus dem Schlaf gerissen. Nach einiger Zeit dickt der Harn direkt in der Blase mehr und mehr ein, so daß gewisse Entzündungsprozesse entstehen, die mit starken Schmerzen verbunden sind. Leider verschweigen die meisten Männer jedoch dieses Leiden, da eine gewisse Hemmschwelle besteht. Grundsätzlich kann sich jeder Mann schon am Anfang der ersten Symptome mit der Unterdruckmethode helfen.

KAPITEL

# Die Unterdruck-methode

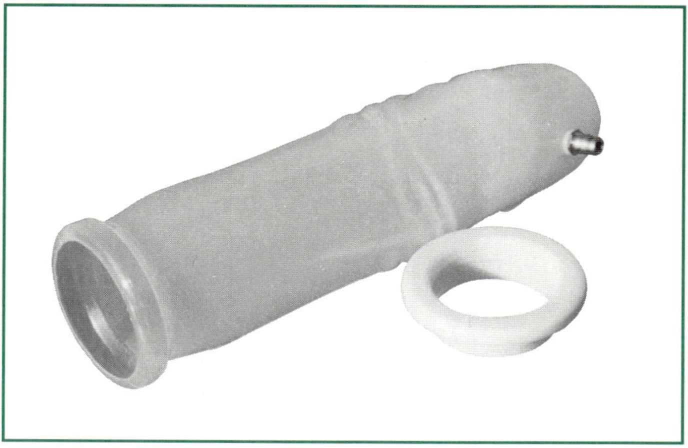

**Abb. 1:** Standard-Trimmkondom



## Das Prinzip der Unterdruckmethode

Nachdem die Anwendungsgebiete für die lokale Unterdruckmethode nun vorgestellt wurden, möchte ich nun die Methode unter Einsatz neuartiger, durch mich entwickelter, Trainingsgeräte vorstellen. In diesem Buch beschränke ich mich ausschließlich auf Geräte, die von mir im Hinblick auf Männerleiden sowie die Penisvergrößerung entwickelt wurden. Die bereits seit Jahrtausenden bekannte Wirkung von Unterdruck läßt sich auch für Anwendungen im Genitalbereich nutzen. Hierzu habe ich diverse Trainingsgeräte entwickelt, welche ich im folgenden als „Trimmkondome" bezeichnen. Alle Trimmkondome sind anatomisch geformte Plastikhülsen, die über den nicht erigierten Penis gestülpt werden. Durch eine Pumpe wird in der Hülse ein Unterdruck erzeugt, der eine sofortige Versteifung des Gliedes bewirkt. Da durch den Unterdruck auch die oberflächlichen Venen mit Blut prall gefüllt werden, nimmt der Penisumfang ca. 20 bis 25 Prozent stärker zu als bei einer normalen Erektion. Das Prinzip der Unterdruckmethode liegt bei dieser Anwendung darin, daß der Penis künstlich zu einer außerordentlich starken Durchblutung angeregt wird. Hierdurch wird eine ver-

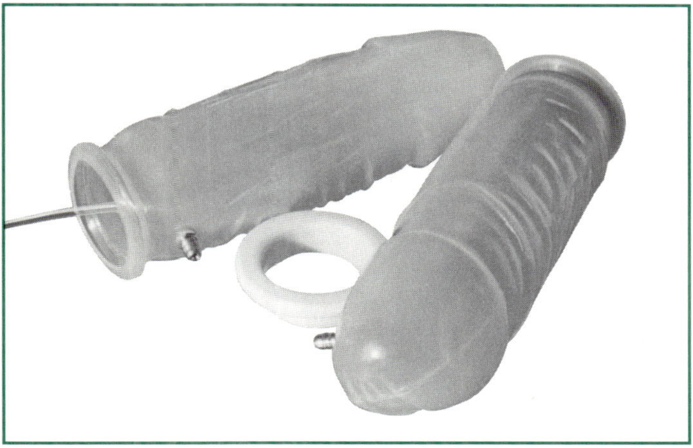
**Abb. 2:** Das Power- und Bodybuilding-Kondom



mehrte Blutzufuhr der kleinen Blutgefäße erreicht. Das hat zur Folge, daß das schwammartige Netzgewebe ungewöhnlich stark gedehnt und zu einer höheren Elastizität geführt wird. Da die Schwellkörper jetzt eine größere Blutaufnahmefähigkeit haben, erklärt dies auch die Vergrößerung des Gliedes in Länge und Umfang. Ich möchte betonen, daß eine Anregung oder Stimulans zur Anwendung der Geräte nicht benötigt wird. Dies kann gegebenenfalls sogar hinderlich sein. Zur Durchführung dieser Anwendung unterscheide ich im wesentlichen zwei Gerätetypen:

## Trimmkondom mit Drei-Wege-Ventil

Das Trimmkondom ist beim Deutschen Patentamt in München unter der Nummer P. 38 35 595.7 geschützt. Auch dieses Trimmkondom besteht aus einer stabilen Plastikhülse, die optimal auf die Penisform abgestimmt wurde. Das Trimmkondom hat eine Länge von 20 cm und einen Außendurchmesser von fünf cm. Dieses Modell habe ich auch mit einer Länge von 23 cm und einem Außendurchmesser von 5,5 bzw. sieben cm kon-

**Abb. 3:** Wasserkondom, Anschluß hinten



struiert. Diese Ausführung ist allerdings nur für Fortgeschrittene zu empfehlen. Doch darüber später mehr. Bei der Entwicklung des Trimmkondoms habe ich berücksichtigt, daß das Glied von Mann zu Mann anatomisch verschieden ausgeprägt ist. Deshalb wurde der Vakuumzylinder der natürlichen Anatomie formgerecht angepaßt mit einer proportional vergrößerten Form des Kopfendes, um bei erfolgter Erektion dem normal verstärkten Anschwellen der Eichel genügend Raum zu geben. Besonders positiv ist, daß die Erzeugung des Vakuums vorn, also am Kopfende des Zylinders erfolgt. Somit wird sichergestellt, daß das Vakuum von der Penisspitze aus wirkt, was einen optimalen Sog und somit eine maximale Schwellung des Gliedes bis zur Peniswurzel sicherstellt. Das Trimmkondom eignet sich besonders für das Peniswachstum sowie für den Potenzaufbau.

## Wasserkondom

Auch das Wasserkondom ist beim Deutschen Patentamt in München registriert. Die Patentamtnummer lautet P 43 25 646.5.

**Abb. 4:** Wasserkondom, Anschluß vorn

Außerdem ist das Wasserkondom unter der Pharmazentralnummer PZN 493 050 0 bzw. PZN 493 049 2 registriert. Das bedeutet, daß Sie dieses Kondom über jede Apotheke beziehen können. Auch hier handelt es sich um einen stabilen Plastikzylinder. Allerdings basiert das Prinzip dieses Modells zusätzlich zum bereits beschriebenen Unterdruck auf einer Wasserfüllung, durch die der Doppeleffekt Saugen und Pressen entsteht. Durch diesen Doppeleffekt entsteht eine verstärkte Energie, die bis hinein in die einzelnen Organe im Beckenbereich sowie in das Gefäß- und Arteriensystem in den Beinen geht. Hierdurch erreicht man eine äußerst starke Mobilisierung des Reiz- und Erregungsleitungssystems. Dieses erweiterte Prinzip erfordert einen anderen technischen Aufbau des Kondoms. Das Wasserkondom wurde als Vakuumzylinder in Flaschenform mit abgerundetem Kopf realisiert. Um eine bessere Statik zu erreichen, wurden in die gesamte Wandung Rillen eingearbeitet. Zur Bildung der notwendigen Luftblase ist der Pumpenanschluß mit einer Kugelform versehen. Dieser Anschluß befindet sich am Kopfende des Zylinders. Wie beim Trimmkondom habe ich auch für das Wasserkondom zwei unterschiedliche Größen vorgesehen.

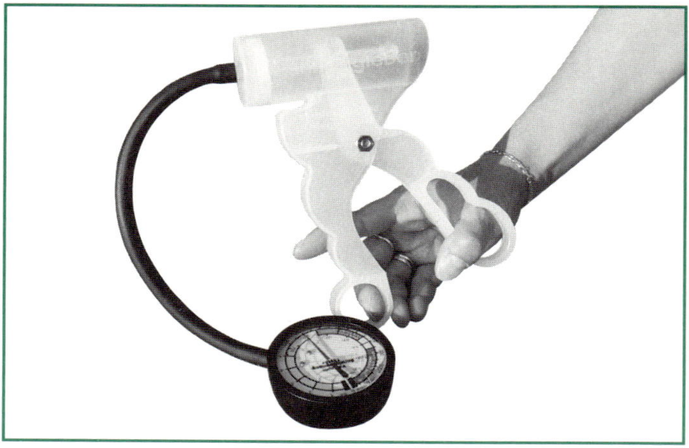

**Abb. 5:** Die Scherengriffpumpe

Eine Ausführung ist 21 cm lang und hat einen Außendurchmesser von 6,5 cm. Die große Ausführung ist 23 cm lang und hat einen Außendurchmesser von 7 cm. Auch hier eignet sich das größere Modell nur für Fortgeschrittene. Das Wasserkondom eignet sich besonders zur Anwendung gegen Prostatabeschwerden und sogar Hämorrhoiden.

## Hinweise zu den Kondomtypen

Aus Sicherheitsgründen darf das Plastikmaterial nicht brüchig werden oder scharfe Kanten aufweisen. Deshalb hat sich der an jedem Kondom befindliche nach innen und außen abgerundete Einlaß als äußerst vortheilhaft erwiesen. Die von mir entwickelten Unterdruckkondome weisen diese Kriterien auf und vermeiden somit einen schmerzhaften Druck auf das Schambein sowie auf die Leisten. Gleichzeitig wird durch den verengten Einlaß des Kondoms das Hineinziehen des Hodensacks weitgehendst vermieden.

# Die Scherengriffpumpe

Erzeugte man früher durch eine einfache Handpumpe in Form eines Gummiballs einen lokalen Unterdruck, weiß man heute, daß der dadurch erzielte Unterdruck zu Heil- und Trainingszwecken nicht ausreichend stark ist. Aus diesem Grund habe ich eine spezielle Pumpe entwickelt. Diese von mir als „Scherengriffpumpe“ bezeichnete Unterdruckpumpe liefert einen Unterdruck von über 700 mbar und ermöglicht somit eine effektive Anwendung der verschiedenen Kondomtypen. Die Scherengriff-Handpumpe wurde als Geschmacksmuster (M 92 07 764.1) registriert. Die Pumpe ist aus physiologisch unbedenklichem Material, das auch lebensmittelrechtlich zugelassen ist, gefertigt. Der Unterdruck wird durch leichte, ruckartige Bewegungen erzielt, die der Benutzung einer Schere entsprechen. Um eine angenehme Handhabung zu gewährleisten empfiehlt sich ein Druckregulierungsventil, das ein einfaches Variieren des Unterdrucks erlaubt. Durch ein solches Ventil wird sichergestellt, daß etwa im Fall eines subjektiv zu stark empfundenen Unterdrucks der Druck gezielt angepaßt werden kann.



# Reinigung der Geräte

Hygiene ist sehr wichtig, ganz besonders im Intimbereich. Alle vorgestellten Geräte (außer der Scherengriffpumpe) müssen deshalb nach der Anwendung gründlich gereinigt werden. Zum Reinigen benötigen Sie lediglich warmes Wasser und etwas Spülmittel.

# KAPITEL

## Anwendung der Unterdruckmethode

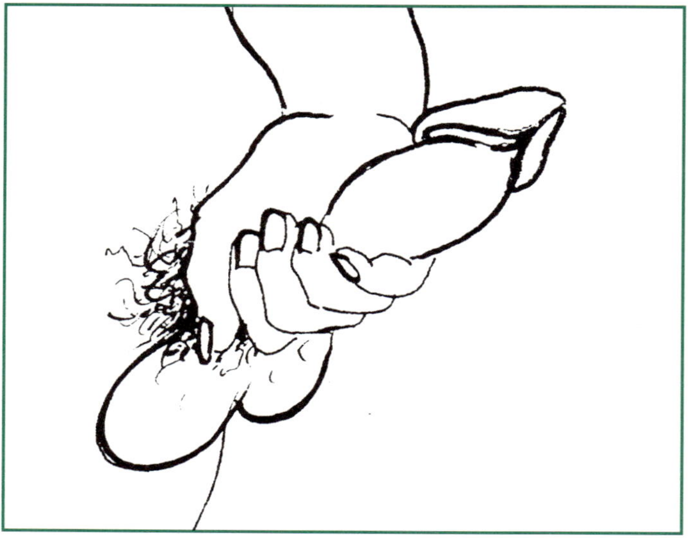

**Abb. 6:** Gründliches Eincremen ...



## Vorbereitung

Abhängig vom Typ des jeweiligen Kondoms sind bestimmte Vorbereitungen notwendig. So kann ein Unterdruck nur aufgebaut und gehalten werden, wenn das verwendete Kondom optimal am Penisansatz abdichtet. Um eine gute Abdichtung am Körper zu erlangen ist es notwendig, daß der gesamte Penis sowie der Penisansatz und ggf. die Schamhaare gut eingecremt werden. Verwenden Sie eine ölfreie Creme und achten Sie darauf, daß diese nicht an die Weichteile des Hodensacks gelangt, da sonst die Hoden durch die Saugwirkung unangenehm an den Rand des Kondoms gezogen werden. Das Eincremen des gesamten Gliedes ist insbesondere auch erforderlich, um die Haut

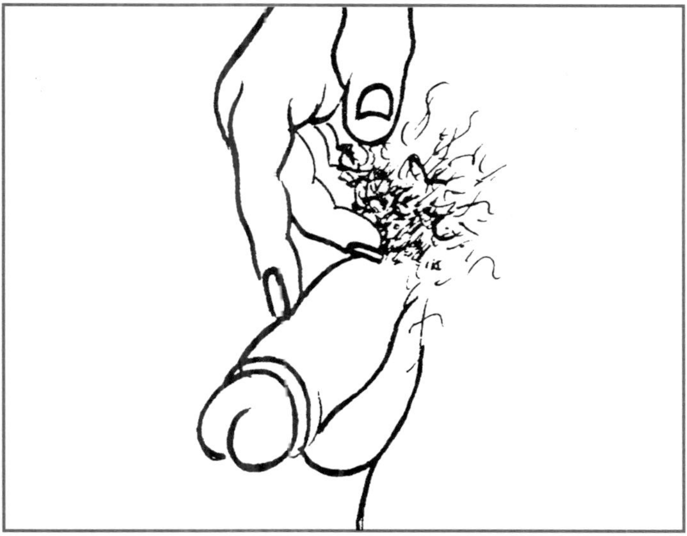

**Abb. 7:** ... und eine kräftige Massage bereiten das Glied auf den Unterdruck vor

elastisch und gleitfähig zu halten. Dies vermeidet eine harmlose Bildung von kleinen Blutergüssen, was zu unerwünschten Hautverfärbungen führen könnte. Sofern Sie ein Ventil zur Druckregulierung verwenden, müssen Sie darauf achten, daß dieses zu Trainingsbeginn geschlossen ist. Wenn Sie mit einem Wasserkondom trainieren, ist zusätzlich zu den beschriebenen Vorbereitungen Wasser in das Kondom zu geben. Füllen Sie das Kondom knapp zur Hälfte mit warmem Wasser.

# KAPITEL



# Training zur Vergrößerung des Gliedes

## Peniswachstum ist möglich

Sicherlich stellt sich bei vielen Lesern die Frage ein, ob es denn überhaupt möglich ist, das Glied in Länge und Umfang zu vergrößern.

Tatsache ist: Jedes Glied läßt sich vergrößern und zwar unabhängig vom Alter des Mannes oder dessen genetischer Veranlagung.

Hierzu ein einfaches Beispiel: Ein vom Gipsverband freigelegtes Bein wirkt nicht nur schlaff und kraftlos, sondern auch das Gewebe ist faltig und das gesamte Bein ist abgemagert. Auch andere Körperregionen reagieren in solch einer Situation gleich.

Andersherum kann man aber auch feststellen, daß der Körper auf aktive Tätigkeiten dementsprechend positiv reagiert. Wir kennen dieses Phänomen aus dem Sport, zum Beispiel aus dem Body-Building; körperliche Eigenschaften wie Kraft, Ausdauer und Volumen können gezielt ausgebaut werden.

Da dem Penis die entsprechenden Muskelgruppen fehlen, die die entsprechende Kraft übertragen, kann man das Glied nicht herkömmlich trainieren. So ist der Penis ein kraftloses, schwaches Organ mit geringer Durchblutung. Dadurch wird eine spontane, kraftvolle Durchblutung und Versteifung (Erektion) leider nur schwer kontrollierbar. Die Größe des männlichen Gliedes bleibt daher nahezu reine Glückssache. Einen kleineren „Entwicklungsschub“ erfährt in der Regel jeder Mann in seinem Leben, hervorgerufen durch erste sexuelle „Anforderungen“. So kennt jeder Jugendliche oder Mann die Lust, den Reiz und die sehr schnelle Entspannung nach einer Selbstbefriedigung. Eine spontane Veränderung erfährt der Mann erst durch eine Partnerschaftsbeziehung. Bestand die Lust bisher in schneller spontaner Befriedigung, so werden jetzt Kraft und Ausdauer gefordert. Die Erektion wird länger aufrechterhalten. Je anhaltender und intensiver diese Symptome sind, um so stärker entwickelt sich nun das männliche Geschlechtsorgan. Diese nahezu einmalige

Entwicklungsphase kann jeder Mann durch Vergrößerung der Eichel oder des gesamten Gliedes feststellen.

Vielleicht können Sie durch diese kleine Ausführung bereits erahnen, mit welchem Trick man den Penis doch noch zum Wachsen „zwingen" kann – ich möchte hier nochmals betonen und versichern, jedes Glied läßt sich dauerhaft in Größe und Umfang vergrößern.

Der Trick ist sehr einfach. Es muß eine wesentlich kraftvollere und länger anhaltende Erektion erreicht werden als üblich. Hier können wir wieder den Vergleich mit dem Muskeltraining anstellen, d. h. durch regelmäßige Erhöhung der Belastung paßt sich das Organ an. Durch die erhöhte Gewebeelastizität und die starken Reize stellt sich ein garantiertes Wachstum des Gliedes ein. Auf regulärem Wege können Sie aber Ihre Erektion nicht wesentlich verstärken oder verzögern. Hierbei hilft Ihnen aber mein bereits vorgestelltes Trimmkondom.

Durch die Anwendung des Trimmkondoms, also durch Anwendung der Unterdruckmethode, wird es Ihnen gelingen, Ihr Glied tatsächlich und dauerhaft zu vergrößern. Hat Ihr Penis im erigierten Zustand eine Länge von 15 cm, so wird er garantiert nach einigen Wochen regelmäßigem und korrektem Training, in einer Länge von 17 bis 18 cm in das Kondom gesaugt. Neben der Zunahme der Länge wird auch eine beachtliche Zunahme des Umfangs erzielt. Eine verstärkte und leistungsfähigere Sexualität entwickelt sich!



## Richtiges Training

Bei der Trainingsplanung muß ich bereits wieder den Vergleich zum Muskeltraining anstellen. Wie Ihnen z. B. beim Body Building niemand ganz sicher sagen kann, mit welchem Trainingseinsatz (Gewicht und Wiederholungen) Sie optimal trainieren, kann ich Ihnen, besser gesagt der großen Zahl der Leser, keine absolut allgemein gültigen Ratschläge geben. Das kommt daher, daß jeder Mensch, jeder Organismus auf Belastungen anders reagiert. Neben der allgemeinen Konstitution spielen aber auch noch mehrere Faktoren, wie z. B. Ihre derzeitigen sexuellen Aktivitäten, eine entscheidende Rolle. Sie müssen durch Variieren der Belastung und Trainingswiederholungen Ihr optimales Training selbst entdecken. Doch keine Angst, dies läßt sich sehr leicht feststellen. Sie müssen lediglich nach einem gewissen Zeitraum Ihren Erfolg überprüfen. Sind Sie mit sich zufrieden, können Sie Ihre Trainingsform beibehalten. Machen Sie keine Fortschritte, ändern Sie einfach Ihr Training. Hierzu bekommen Sie aber noch unter dem Punkt „Trainingkontrolle" genügend Informationen.

Ein sehr sicheres und erfolgversprechendes Training möchte ich nun erklären.

Zur Vorbereitung auf den starken Unterdruck empfiehlt sich eine leichte Massage des Gliedes, was eine angenehme Lockerung des Gewebes sicherstellt. Cremen Sie nun das gesamte Glied mit einer ölfreien Creme ein. Damit der Zylinder gut abschließt, ist es wichtig auch die Schamhaare gut einzucremen. Nach diesen Vorbereitungen wird das Kondom über den Penis gestülpt und durch Betätigung der Scherengriffpumpe ein Unterdruck erzeugt. Bitte erhöhen Sie zu Beginn des Trainings den Unterdruck nur langsam, damit sich die Haut und das gesamte Gewebe an die enorme Belastung gewöhnt.

## Das Standard-Training sieht dann wie folgt aus:

Die Trainingszeit beträgt 60 Minuten. Diese Trainingszeit wird in 10 Minuten Vortraining, 40 Minuten Haupttraining und 10 Minuten Nachtraining unterteilt.

Das Vor- und Nachtraining soll als Entspannungsphase dienen. In diesen 10 Minuten soll das Blut stark fließen. Deshalb muß das Kondom mindestens viermal abgezogen werden. Nach je-

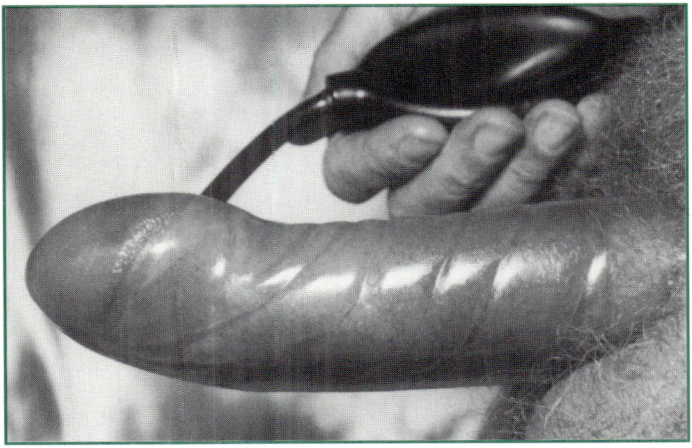

**Abb. 8:** Starke Erektion im Unterdruck

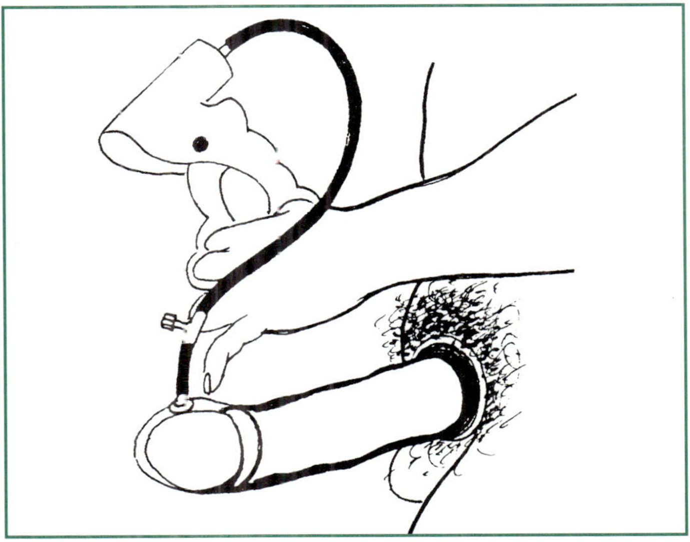

**Abb. 9:** Richtiges Training mit dem Trimmkondom unter Verwendung der Scherengriffpumpe

dem Abnehmen des Kondoms ist eine Gegendruck-Handmassage von ein bis zwei Minuten, vom Schambein bis zur Penis-Spitze, vorzunehmen.

In der Haupttrainings-Phase muß ein kraftvoller und starker Unterdruck erzeugt werden. Dieser Unterdruck, der auch durchaus etwas schmerzhaft ist, muß über einige Minuten aufrecht erhalten werden. Danach kann der Unterdruck etwas gesenkt werden, um ihn anschließend wieder zu erhöhen. In der Haupttrainings-Phase sollte alle 5 Minuten das Kondom abgenommen werden, um das Glied ca. zwei Minuten zu massieren.

Von Training zu Training sollte (auch hier wieder wie im Body Building) versucht werden, die Belastung etwas zu erhöhen.

Um die Trainingsreize zu erhöhen, kann man während des Trainings versuchen, die Beckenmuskeln über zwei Sekunden anzuspannen und wieder zu entspannen (wie z. B. den Urinstrahl anhalten). Dies sollte öfter wiederholt werden. Zwischendurch können Sie auch einen länger anhaltenden Druck von 30 Sekunden auf die Beckenmuskeln ausüben (wie z. B. den restlichen Urinstrahl herauspressen), danach 5 Sekunden völlig entspannen.

Eine weitere erfolgreiche Trainingsergänzung erreicht man, wenn während des bestehenden Unterdrucks gymnastische Beckenbewegungen vorgenommen werden.

Lehnen Sie Rücken und Schultern zurück, wobei Sie das Becken wippend nach vorne strecken. Spannen Sie hierbei die Muskelgruppen für ca. 10 Sekunden an und entspannen Sie dann ca. 5 Sekunden. Diesen Bewegungsablauf wiederholen Sie bitte mehrmals.

Nach dem Haupttraining folgt nun das Nachtraining, das wie das Vortraining abläuft. Erzeugen Sie in dieser 10 minütigen Trainingseinheit einen starken aber dennoch angenehmen Unterdruck. Nach zwei Minuten nehmen Sie das Kondom ab und beginnen mit einer intensiven Gegendruck-Massage. Danach wiederholen Sie den gerade beschriebenen Nachtrainings-Vorgang, bis die 10 Minuten vorbei sind.

Sie werden feststellen, daß Ihr Penis außerhalb des Vakuum-Zylinders um ca. 20 % in seiner Erektion kleiner ist. Aber genau diese „überdurchschnittlichen" 20 %, die Sie unter dem Vakuum mehr erzielen, sind die Kräfte, die den Penis zum Wachsen bringen. Gestatten Sie mir bitte hierzu nochmals den Vergleich zum Body Building, denn auch hier erzielt man nur dann Erfolge, wenn über den Durchschnitt belastet wird, wenn man also sein Gewicht jedesmal etwas steigert. So verhält es sich auch bei dem „Massetraining" für den Penis.

Schon nach einigen Monaten wird Ihr Glied immer größer und voluminöser. Sehr rasch erreichen Sie nun eine Länge von 19 bis 20 cm oder auch darüber hinaus. Wenn Sie nun weitere Trainingsfortschritte anstreben, müssen Sie lediglich ein größeres Trimmkondom einsetzen.

Ich möchte Sie hier nochmals daran erinnern, daß das beste Training sinnlos ist, wenn Sie übermäßig Suchtmittel, wie z. B. Tabak, Alkohol und Tabletten, konsumieren. Und wie im Sport heißt es auch bei unserem Training: Ernährung und Leistung sowie die danach folgende Ruhephase sind ein gültiges Erfolgsrezept!

## Trainingskontrolle

Ein stark und kraftvoll trainiertes Glied benötigt zwei bis drei Tage der Regeneration. Während der Regenerationsphase entsteht das entsprechende Wachstum. Aus diesem Grund ist es für den trainierenden Mann unerläßlich, die Regenerationsphase zu kontrollieren. Hier ist auch das Liebesleben von ausschlaggebender Bedeutung – weniger als die genetischen Veranlagungen oder das Alter.

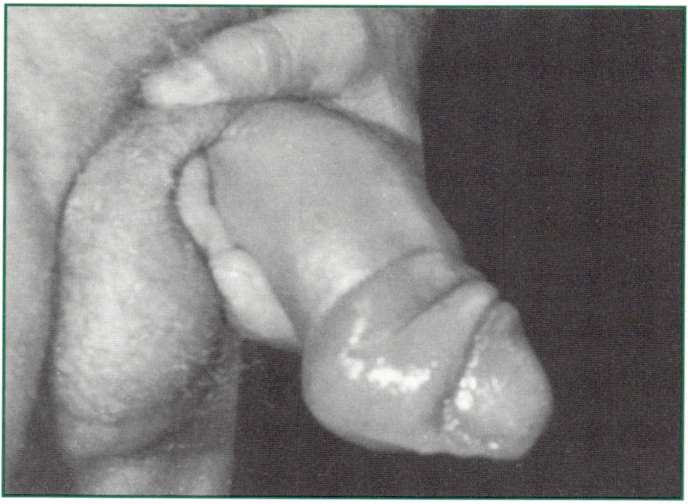

**Abb. 10:** Ein stark geschwollenes Glied nach dem Massetraining. Die Schwellung bildet sich schnell zurück

Nachfolgend noch einige wichtige Trainingshinweise und Kontrollmöglichkeiten.

**1** Männer, die aktiv sexuelle Erlebnisse haben, häufiger Geschlechtsverkehr oder über Tage und nachts im Traum längere Erektionen aufweisen, sollten nur einmal in der Woche trainieren.

**2** Männer, mit einem altersbedingten Geschlechtsleben, die durch gewisse Reize zu einer Erektion kommen und nur selten eine nächtliche Erektion aufweisen, sollten zweimal in der Woche trainieren.

**3** Männer mit einer Potenz-Schwäche oder Impotenz, die durch äußere Reize nur schwer zu einer Erektion gebracht werden können oder bei denen die Erektion nur kurz anhält, sollten täglich 3 Minuten trainieren. Zusätzlich muß einmal in der Woche das vorhin beschriebene Haupttraining vorgenommen werden.

## Mögliche Komplikationen

Bei dem Training ist es unerläßlich, daß Sie immer mit Gefühl trainieren. Das Gewebe darf nicht überdehnen, da sich sonst schnell Hautverfärbungen einstellen. Sobald diese kleinen harmlosen Blutergüsse auftreten, sollten Sie das Kondom abziehen und die Haut massieren. Die Massage muß, wie bereits geschildert, vom Schambein bis zur Penisspitze durchgeführt werden.



**1** Wenn sich die Haut beim Training schnell verfärbt, sollten Sie den Unterdruck reduzieren und das Kondom abziehen. Beginnen Sie jetzt mit der bekannten Gegendruck-Massage. Sollte die Hautverfärbung beim nächsten Training verstärkt auftreten, haben Sie Ihr Training zu früh wieder aufgenommen, d. h. die Regenerationsphase ist noch nicht abgeschlossen.

**2** Sollte während des Trainings sich die Eichel hell, also nicht rosa, verfärben oder das Glied unterkühlen, so wurde der Unterdruck zu lange aufrecht erhalten. Bei diesen Symptomen sollten Sie unverzüglich das Kondom abnehmen und über einen Zeitraum von ca. zwei Minuten eine Gegendruck-Massage (Glied und Schambein) durchführen.

Alle hier aufgezeigten Symptome sind harmlos. Sie weisen aber darauf hin, daß Sie falsch trainieren. Und wieder wie im Sport: Nicht mit Gewalt ein Ziel erreichen wollen, sondern sich langsam hinarbeiten. Man spricht hier von dem Gesetz des organischen Wachstums.

Ganz wichtig ist es aber, daß Sie auch nicht mit allzuviel Furcht an die Sache gehen, denn nur wenn sich das Glied rötet und starke Schwellungen aufweist, haben Sie richtig trainiert. Tritt lediglich eine Hautreizung (Rötung) auf, wurde zu schwach trainiert. Je stärker die Schwellung, desto größer ist der Erfolg.

Interessant ist auch die Tatsache, daß durch starken Unterdruck die Trainingszeit ganz erheblich reduziert werden kann. Es ist durchaus möglich, bei entsprechendem Unterdruck, die Trainingszeit auf 15 bis 20 Minuten zu verkürzen. Bitte finden Sie durch Experimentieren und Auswerten Ihrer Erfolge, Ihren individuellen Trainingsplan.

## Psychische Auswirkung aufgrund eines kräftigeren Gliedes



Wie Sie schon sehr bald feststellen werden, sind die Versprechungen einer deutlichen Zunahme des Gliedes in Länge und Umfang keine Sprüche, sondern Tatsachen.

Bitte verfallen Sie deshalb nicht in den Wahn, sich ein weit über das Normale hinausgehendes Glied „anzutrainieren“.

Ein Mann, der bereits eine Gliedlänge von stattlichen 23 cm erreicht hatte, sagte mir, daß er noch mehr „Trainingserfolge“ haben möchte. Ich konnte ihm zu dieser Entscheidung nicht raten, gab aber seinem starken Drängen nach und gab ihm eine entsprechende Sonderlänge, die er selbst noch mit einem Teil ergänzen mußte. Nach sechs Monaten meldete der Mann sich wieder bei mir. Überraschenderweise waren diesmal seine „Trainingserfolge“ nicht so zufriedenstellend wie bisher. Er hatte in diesen sechs Monaten nur ein bis zwei cm an Längenwachstum verzeichnen können. Er gab sich mit diesem Erfolg aber sehr zufrieden.

Doch wesentlich sinnvollere Anwendungsbereiche zeichnen das Trimmkondom in Wirklichkeit aus.

So können z. B. aus medizinischen Gründen gewisse Komplikationen im Intimbereich entstehen, gerade was die Erektionslänge des Gliedes betrifft. Ein Kunde hatte gewisse Probleme beim Intimverkehr. Nachdem bei seiner Frau eine Hüftoperation vorgenommen werden mußte, konnte danach der gewohnte Geschlechtsverkehr für beide nicht mehr zufriedenstellend ausgeführt werden, da es dabei zu schmerzhaften Verrenkungen kam.

Wenn das Glied einige cm länger wird, besteht für beide Partner eine ideale Möglichkeit, um Ihr Liebesleben wieder beglückend ausführen zu können. In diesem Fall, bedingt durch das eingesetzte Hüftgelenk, ist die Partnernähe eingeschränkt. Durch eine Gliedvergrößerung kann das Liebesleben wieder bereichert werden.



Häufig „leiden" aber auch Männer darunter, daß ihre Partnerin sehr fordernd ist oder auch sehr voluminös gebaut ist. Hier kann der Mann durch ein entsprechend stark gebautes Glied seine Partnerin trotzdem befriedigen, was zu einem harmonischen Sexualleben führt.

Doch ein weiterer sehr wichtiger und nicht zu unterschätzender Punkt ist die Psyche. Viele Männer leiden stark unter der Größe ihres Gliedes. Ein sehr klein entwickeltes Glied kann die ganze Familie belasten, vom Vater bis zum Sohn. Ich möchte Ihnen von einem Fall erzählen, der sich vor knapp zwei Jahren abgespielt hat. Der Mann, ein Vater im Alter von 40 Jahren, hatte genau wie sein Sohn, 15 Jahre, große psychische Probleme. Beide hatten sich mit ihrem Schicksal, einem äußerst kleinen Glied, abgefunden. Die Frau des Mannes hatte, aufgrund von Informationen über meine Artikel, mit mir Kontakt aufgenommen. Sie sprach die Hoffnung aus, bei mir gewisse Hilfe zu finden. Ich informierte sie über die entsprechenden Anwendungen und nach ca. drei Monaten rief der Ehemann bei mir zurück. Er war immer noch so gehemmt, daß er das Telefon zweimal aufgelegt hat. Erst beim dritten Anruf konnte ich ihn überzeugen, daß er für mich am Telefon völlig unbekannt ist und er mir deshalb seine Probleme ganz offen darlegen kann. Bei diesem dritten Anruf gab er sich dann endlich als Anwender meines Trimmkondoms zu erkennen. So schilderte er mir dann, daß er dieses Kondom nun schon seit drei Monaten anwenden würde und zwischenzeitlich einen sichtbaren Erfolg zu verzeichnen hätte. Er erzählte ferner, daß er ein weiteres Trimmkondom bestellt hat. Dieses Trimmkondom war aber nicht für ihn gedacht, sondern für seinen 15 jährigen Sohn. Nun stand er vor dem großen Problem, nicht zu wissen, wie er das Kondom seinem Sohn anbieten solle. Ihm fehlte der Mut und vor allen Dingen die nötigen Worte. Ich gab ihm den simplen Tip, er möchte doch ganz einfach den Informationsprospekt über meine Unterdruckgeräte in den Briefkasten legen und seinen Sohn bitten, die Post aus dem Briefkasten zu holen. Dieser entdeckte natürlich den Prospekt unter der anderen Post. Der Vater hatte aber jetzt die Möglichkeit, ganz offen über dieses Thema zu sprechen, um ihm dann das Trimmkondom anzubieten.



Ich fragte den Kunden ausführlich nach seinem Trainingsablauf um gewisse Erfahrungswerte aufzuzeichnen und zu vergleichen.

Der Kunde trainierte über sechs Wochen täglich eine Stunde. Anmerkung: Hier sehen Sie, daß es keine allgemein gültige Traininganleitung geben kann, denn für einen anderen Mann würde dies ein absolutes Übertraining bedeuten, d. h. das Training bringt keinerlei Erfolg! Doch zurück zu dem beschriebenen Fall. Der Kunde trainierte also täglich eine Stunde. Sein Training begann er jeden Morgen vor dem Aufstehen. Seine Frau legte ihm das gereinigte Kondom hin und unterstütze ihn, bei festgestelltem Wachstum, mit begeisternden und motivierenden Worten.

Das Ergebnis in diesen knappen drei Monaten war eine gewisse Umfangszunahme. Der Längenzuwachs war aber schon bei 2,5 cm. Der Mann hatte sein Training allerdings auch unter äußerst schlechten „Startbedingungen“ begonnen. Sein erigiertes Glied war in der Versteifung gemessen, lediglich knappe 10 cm groß.

Dieses anatomische Problem war bei seinem Sohn ebenfalls vorhanden.

Da der Vater nun an sich selbst erlebte, daß mein Trimmkondom tatsächlich eine organische Vergrößerung ermöglicht, wollte er seinem Sohn ebenfalls solch ein Gerät zukommen lassen. Hier war bereits die erste Schwierigkeit. Er traute sich nicht, seinen Sohn auf dieses Problem anzusprechen. Aus diesem Grunde gab ich ihm den bereits vorgestellten Ratschlag mit dem Briefkasten. Dem Vater fiel dieses Gespräch sicherlich nicht leicht. Denn das Diskutieren solcher Probleme fällt schon vielen Ehepaaren schwer und mit dem eigenen Sohn darüber zu sprechen, ist noch komplizierter. Als der Sohn aber weinend vom Badeunterricht nach Hause kam und sich weigerte dort wieder hinzugehen, nicht mehr öffentlich unter die Dusche mit seinen Schulkameraden wollte, faßte sich der Vater ein Herz. Das Gespräch wurde mittels Briefkasten-Trick „erzwungen". Bei diesem Gespräch stellte der Vater, was er natürlich schon befürchtet hatte, fest, daß sein Sohn von den Kameraden ausgelacht und gehänselt wurde, weil er kein normal ausgeprägtes Glied hatte. Die Gesellschaft verhöhnte einen Menschen, weil sie selbst nicht in der Lage ist, eine wirkungsvolle Hilfe anzubieten.



Ich hörte von diesem Kunden lange Zeit nichts mehr.

Nach knapp einem Jahr meldete sich der Vater wieder telefonisch. Er sprach dabei mit mir überraschend offen, die Stimmlage war nicht unterdrückt, seine Psyche und sein Selbstbewußtsein waren merklich gefestigt und gewachsen. Diesen Eindruck bestätigte er mir auch, als er sagte, daß er sich als ein anderer Mensch fühlte, nicht nur er, sondern seine gesamte Familie.

Selbstverständlich fragte ich ihn auch nach dem Befinden seines Sohnes. Der Vater berichtete mir, daß sein Sohn zwischenzeitlich zu einem richtigen Mann gereift sei, dank des Trimmkondoms. Mittlerweile füllt er unter Vakuum das Trimmkondom voll aus und seine normale Erektionslänge, also außerhalb des Vakuums liegt bei etwa 16,5 cm.

Ausgangspunkt waren 10 cm. Der Sohn litt sehr stark unter seiner Fehlentwicklung. Heute ist er ausgeglichen und selbstbewußt. Dank konstanter und richtiger Anwendung des Trimmkondoms mißt sein erigiertes Glied nun 16,5 cm – eine Länge, die bei jedem Mann ein gutes, fast überdurchschnittliches Maß bedeutet!

# KAPITEL

## Training zur Potenzerhöhung

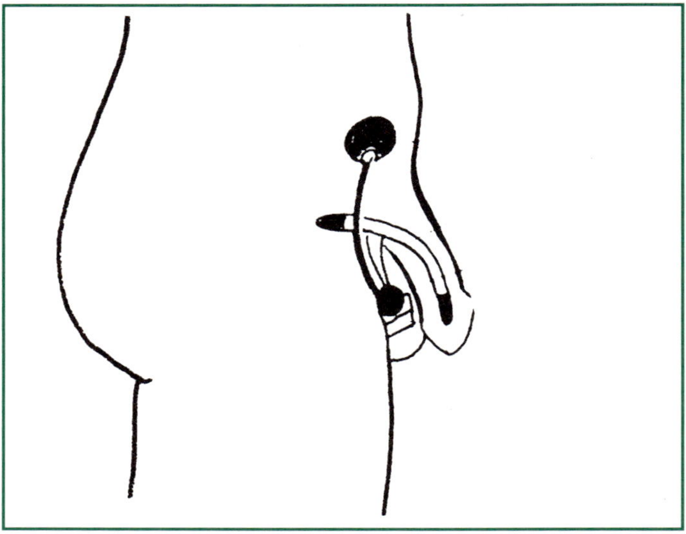

**Abb. 11:** Die Kunststoffprothese

## Die Behandlungsmethoden der Schulmedizin

Mediziner haben festgestellt, daß Erektionsstörungen in 80 von 100 Fällen aufgrund von mangelhafter Durchblutung im Becken und den feinen Blutgefäßen des Gliedes herführen.

Noch vor 10 Jahren wurde impotenten Männern ausschließlich mit Kunststoffprothesen chirurgisch geholfen. Diese Implantate bestanden aus Silikonsilber, die in den Schwellkörper eingepflanzt wurden. Heute werden diese Implantate, wegen des hohen Risikos der Nebenwirkungen, nicht mehr empfohlen.

Eine andere Alternative ist die sog. Injektionsspritze. Dieses Medikament wird immer bei einer erwünschten Erektion in den Schwellkörper des Gliedes gespritzt. Diese Erektionshilfe, die

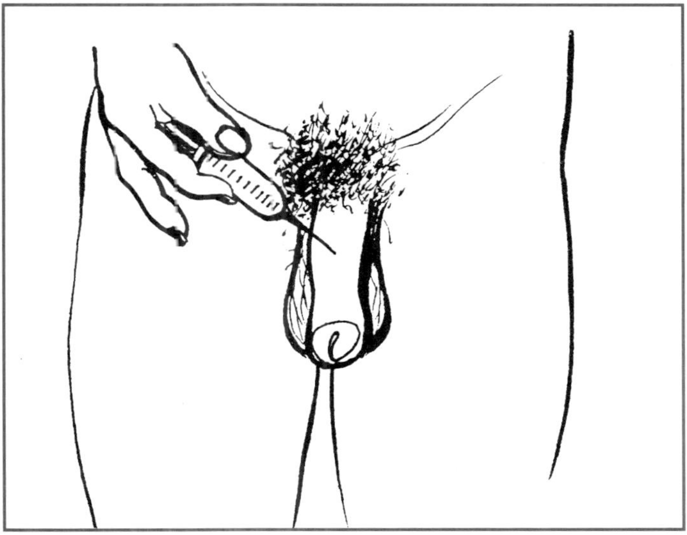

**Abb. 12:** Die Injektionsspritze



unbedingt vom Arzt überwacht werden sollte, hat eine Erfolgsquote von etwa 70 %.

Die gefäßaktiven Medikamente erzielen eine Erektion mit resultierender Versteifung von 30 Minuten aber auch bis zu mehreren Stunden. Hier wird auch schon die erste negative Nebenwirkung bekannt, nämlich der Priapismus. Unter Priapismus versteht man eine schmerzhafte Dauererektion ohne jegliche sexuelle Erregung. Dadurch können Dauerschäden, die bis zur völligen Impotenz führen, eintreten. Bei solchen Fällen muß innerhalb von wenigen Stunden eine chirurgische Maßnahme vorgenommen werden. Oft hilft auch ein Gegenmittel, das im Anfangsstadium gespritzt werden muß. Eine andere negative Auswirkung, ist die Ablagerung des Medikaments in den Kapillaren. Von dort wandert es in den Körper, wodurch eine Schädigung der Leber und des Kreislaufes erfolgen kann.

Lassen Sie mich hierzu die Erfahrungen, die mir ein Herr erzählte, kurz wiedergeben. „Schon seit einiger Zeit benutze ich Ihre Erektionspumpe (Trimmkondom). Hatte ich am Anfang überhaupt keine natürliche Erektion, so sind nach einigen Anwendungen die Erektionen immer besser geworden, denn nach einer vorgenommenen Operation war eine normale Erektion nicht mehr möglich. Über meinen Arzt bekam ich in gewissen Abständen Injektionsspritzen. Diese Spritzen verursachten nach einiger Zeit, daß mein Penis einseitig anschwoll. Medizinisch war dieses Problem leider nicht zu lösen. Nach einer gewissen Zeit war der Intimverkehr eine große Qual. Ich war recht verzweifelt und stand mit meinem Problem allein und ohne Hilfe. Nach all meinen Erfahrungen möchte ich Ihren Kunden raten, bei Prostata- oder Potenzproblemen sich grundsätzlich erst mit dieser, von Ihnen angebotenen natürlichen Methode zu befassen, bevor ein operativer Eingriff vorgenommen wird. Sicherlich hätte ich mir eine Operation ersparen können, wenn ich diese Erfahrung, die ich mit Ihrem Trimmkondom bisher gemacht habe, Stück für Stück kleine fortschreitende Erfolge, vorher gemacht hätte. Und das, obschon man mich als hoffnungslos aufgegeben hatte."

Sie sehen, bevor man zu einer der oben genannten Verfahren übergeht, sollte man lieber der Unterdruckmethode eine Chance geben.

## Potenzaufbau ohne schädliche Nebenwirkungen

Um den Penis in Länge und Umfang zu vergrößern, muß man erst wissen, was einen Wachstumsreiz verursacht. Um die Impotenz wirkungsvoll zu bekämpfen, muß man erst wissen, wie eigentlich eine Erektion entsteht. Bei Impotenz spielt unter anderem die Psyche eine sehr große Rolle. Die Sexualität entsteht praktisch im Kopf. Die Erektion wird vom Gehirn, durch physische Reize oder in Folge einer Zunahme des Samendrucks über das Erektionszentrum im Rückenmark geleitet. Je stärker nun die Impulse, desto stärker ist die Erektion. Diese wird vom Mann als sehr angenehm und lustvoll empfunden. Der anschliessende Orgasmus ist die Krönung seiner Männlichkeit.

Wie bereits gesagt, kann mit Hilfe der Unterdruckmethode die Potenz wiedererlangt oder verbessert werden. Durch die positive Auswirkung auf die Psyche, eignet sich dieses Verfahren nicht nur bei altersbedingter Impotenz oder bei Impotenz aufgrund von Diabetis, sondern auch bei psychischer Impotenz. Im Gegensatz zu den vorhin genannten Methoden bringt dieses Verfahren keine negativen Nebenwirkungen mit sich. Eine Nebenwirkung, die alles andere als negativ ist, ist das Erlangen einer besseren Kontrolle über das Sexualverhalten. Diese neue Kontrolle kommt besonders Männern, die unter vorzeitigem Samenerguß leiden, zugute.

## Richtiges Training

Wie bei der Penisvergrößerung ist es auch hier wichtig, korrekt und konstant zu trainieren, um in den Genuß des vollen Erfolgs zu kommen.

Bitte bereiten Sie sich auch bei dieser Form des Trainings auf den starken Unterdruck vor. Führen Sie auch hier eine leichte Massage des Gliedes durch. Ebenso ist das Eincremen des Gliedes und der Schamhaare wichtig. Sollten Sie kein vernünftiges Vakuum erzielen können, empfiehlt es sich, den Rand des Zylinders sowie den Spannungsring zusätzlich mit normaler Creme abzudichten. Als Trainingsgerät empfehle ich Ihnen das Trimmkondom. Allerdings können Sie hier auch das Wasserkondom benutzen. Der Einfachheit halber beschränke ich mich hier auf das Trimmkondom.

Nach der üblichen Vorbereitung auf das Training, stülpen Sie das Kondom über den entspannten Penis. Durch Anwendung der Scherengriffpumpe erzeugen Sie einen Unterdruck, das Glied vergrößert sich in Länge und Umfang. Sobald Sie über Ihre normale Erektion hinauskommen, sollten Sie mit dem Pumpen aufhören. Durch den leicht geöffneten Druckregulierer wird nun der Unterdruck reduziert. Das Blut fließt somit im Körper zurück. Je nach Öffnung des Druckregulierers kann der Blutfluß reguliert werden.

Durch diesen verstärkten Blutfluß werden mehrere Aufgaben erfüllt. Das Blut transportiert Sauerstoff, Hormone, Enzyme und Vitamine. Abfallprodukte werden abtransportiert. Durch die Erweiterung der kleinen Blutgefäße kommt es zu einer vermehrten Blutaufnahme des schwammartigen Netzgewebes. Es wird stark gedehnt und zu einer erhöhten Elastizität gebracht.

Um eine funktionsfähige Potenz aufzubauen, müssen Sie mehrmals täglich trainieren. Wichtig ist aber, daß das Training zeitlich begrenzt ist. Am besten ist ein Training zwischen einer und maximal fünf Minuten. Als äußerst positiv hat sich eine Trainingszeit von zwei Minuten erwiesen. Dieses kurze Training sollte mindestens dreimal am Tag durchgeführt werden. Je nach persönlichem Ermessen, empfehlen sich aber bis zu acht zeitverschobene Trainingseinheiten.

Auch für das Training auf Potenz ist ein zusätzliches Einbeziehen von gymnastischen Bewegungen sehr förderlich. So sollten Sie selbst bei diesen kurzen Trainingseinheiten die Beckenmuskeln grundsätzlich mit einbeziehen. Sie sollten bei jedem Training die Beckenmuskeln zwei Sekunden anspannen und zwei Sekunden entspannen (wie z. B. Urinstahl anhalten). Diesen Vorgang mehrmals wiederholen. Anschließend sollten Sie einen länger anhaltenden Druck von ca. 30 Sekunden auf die Beckenmuskeln ausüben (wie z. B. den restlichen Urinstrahl herauspressen). Ganz große Bedeutung wird auch der Konzentration beigemessen. Während der Anwendung sollten Sie innerlich ruhig und ausgeglichen sein, sich aber dennoch auf Ihr Empfinden konzentrieren.

Eine weitere äußerst wirkungsvolle Trainingsmethode ist die Unterdruck-Entspannung. Erzeugen Sie ein Vakuum und öffnen Sie zwischendurch die Kappe des Druckregulierers. Sofort tritt Luft in das Kondom ein, das Glied entspannt sich. Nach kurzer Zeit schließen Sie den Druckregulierer und erzeugen wieder einen Unterdruck, das Glied versteift erneut. Diese Prozedur sollten Sie aber auch nicht länger als fünf Minuten durchführen. Es konnte festgestellt werden, daß mit dieser Unterdruck-Entspannung eine kraftvolle Steigerung der Potenz erreicht wird. Es sei nochmals betont, daß der Unterdruck, im Gegensatz zum Massetraining, sehr schwach, ja regelrecht zart sein muß.



Auch hier möchte ich es mir nicht nehmen lassen, Sie darum bitten, Ihren Konsum der sog. Genußgifte zu kontrollieren. Sie wissen ja, das beste Training ist sinnlos, wenn Sie übermäßig Suchtmittel, wie z. B. Tabak, Alkohol und Tabletten konsumieren!

## Die erzielte Erektion ausnützen

Bis sich erste Erfolge bzgl. der Potenz und Erektionsfähigkeit einstellen, müssen Sie aber nicht auf einen Geschlechtsverkehr verzichten. Es wird auch nicht notwendig sein, auf eines der zu Anfang beschriebenen Hilfsmittel wie z. B. die Injektionsspritze zurückzugreifen.

Wenn Sie unter völliger Impotenz leiden, also eine Erektion oder Steifheit des Gliedes nicht mehr eintritt, können Sie sich auch mit dem Trimmkondom behelfen. So müssen lediglich einen meiner Liebesringe, das sind besonders anatomisch angepaßte Spannungsringe, über das Glied, bis zum Penisansatz überziehen. Nun benutzen Sie, wie gewohnt, das Trimmkondom. Jetzt ist es allerdings von Nöten, daß Sie einen entspre-

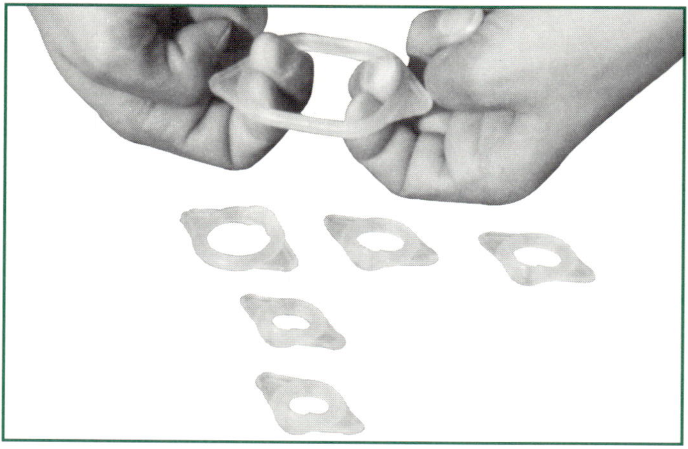

**Abb. 13:** Die unterschiedlichen Liebesringe

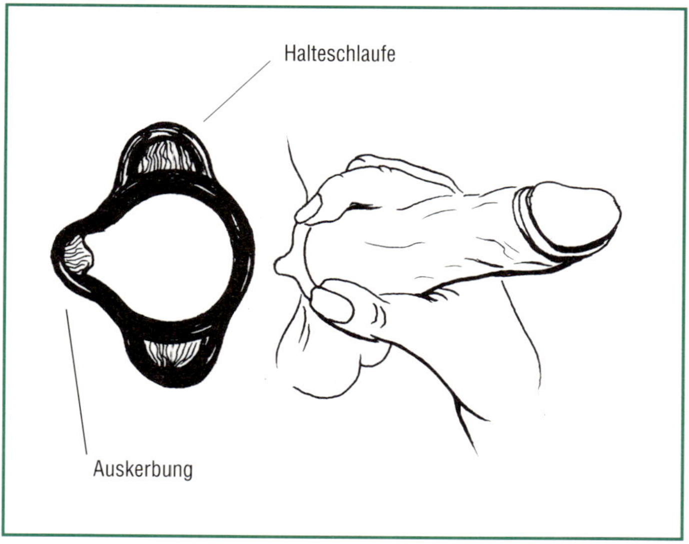


**Abb. 14:** Das korrekte Anlegen eines Liebesrings

chend starken Unterdruck erzeugen. Sobald sich das Glied entsprechend stark versteift hat, können Sie ggf. noch einen zweiten für Sie passenden Liebesring überziehen. Mit etwas Übung haben Sie die nötigen Handgriffe sehr schnell erlernt. Durch diese Methode gelingt es selbst völlig impotenten Menschen, eine für einen befriedigenden Geschlechtsverkehr notwendige Penisversteifung, zu erreichen.

Die Spannungsringe, auch Liebesringe genannt, haben eine Auskerbung, was einen optimalen Erfolg und angenehmes Tragen garantiert. Ich habe drei verschiedene Größen entworfen, um den unterschiedlichen anatomischen Anforderungen gerecht zu werden. So betragen die Innendurchmesser ca. 25 mm, 17 mm und 15 mm. Die jeweilige Ringstärke beträgt sechs mm, die Stärke der Auskerbung drei mm. Infolge der Auskerbung entsteht auch ein unterschiedlicher Spannungseffekt. Der passend ausgesuchte Ring dient zur optimalen Aufrechterhaltung der Erektion und Verringerung des Blutrücklaufs. Der Ring (oder auch zwei Ringe) kann vor oder nach Abzug des Kondoms über die Gliedwurzel gezogen werden. Die Erektion, d. h. der somit erzeugte Blutstau, ist ein ganz natürlicher Vorgang. Allerdings sollten die Ringe nicht über 30 Minuten angewandt werden.



Doch die Liebesringe bringen noch weitere positive Eigenschaften mit sich. Durch die verbesserte Erektion, vergrößert sich das Glied automatisch in Umfang und auch Länge. Gleichzeitig wird der Penis an der Hautoberfläche unempfindlicher. Durch diese Reizreduktion kann der Liebesakt länger hinausgezögert werden. All diese Veränderungen, die der Penis sehr positiv aufnimmt, sind durch die einmalige Konstruktion der Liebesringe machbar. Wenn die passende Größe des Ringes gefunden wurde, kann dieser auch über einen längeren Zeitraum benutzt werden. Bei Anwendung der korrekten Ringgröße ist auch eine Tragdauer von deutlich mehr als 30 Minuten gestattet und unbedenklich. Es ist ein ganz normaler Vorgang, daß der Schwellkörper Blut aufnimmt und weitgehendst beibehält. Diesen Vorgang dürfen Sie aber nicht mit z. B. einer Blutdruckmessung am Arm vergleichen, denn hier wird das Blut richtig gestaut. Das wäre auf längere Sicht sehr schädlich. Auch potente Männer können die Liebesringe anwenden. Diese Männer kommen noch zusätzlich in den Genuß von erhöhten Lustgefühlen.

In Gesprächen berichten mir immer wieder Männer von den äußerst positiven Eigenschaften der Liebesringe. Gerade jetzt, wo ich diese Zeilen schreibe, hatte ich ein sehr ausführliches Gespräch mit einem Herrn aus Remscheid. Mit 61 Jahren ist seine Potenz, bedingt durch den entsprechenden Liebesring, wie vor 30 Jahren. Er benötigt auch keinerlei Stimulation durch seine Partnerin, sondern er kommt nach kurzer Zeit zu einer Erektion, die sich Stück für Stück steigert. Er wendet lediglich den kleinsten Ring an. Sein Penis wächst auf 4,5 bis 5 cm Durchmesser an. Durch den Ring wird immer wieder Blut durch den Liebesring gepreßt, das vom Penis wieder langsam in den regulären Blutkreislauf zurückfließt. Diese Dauerreize lassen den Penis eben bedeutend funktionsfähiger werden. Deshalb nochmals mein Ratschlag, testen Sie alle drei Liebesringe, um Ihre Größe festzustellen. Doch das können Sie nur durch eigene Versuche feststellen. Nur Sie können beurteilen, ob die Erektion kraftvoll aufrechterhalten bleibt oder ob der Penis in seiner Erektion gar abnimmt. Bedenken Sie beim Testen der Ringe, daß nicht die Größe des Gliedes ausschlaggebend ist, sondern das Kapilargewebe.



Um die Wirkung der Liebesringe deutlich genug zu untermauern, möchte ich noch aus dem Brief eines Mannes zitieren.

„Meine zu schwache Erektion versuchte ich schon seit Jahren durch alle angebotenen Mittel, von Aphroditikas bis Pharmakas, zu verbessern. Was ich schon alles ausprobiert hatte, ohne nur ein halbwegs zufriedenes Ergebnis zu bekommen, immer in der Hoffnung ein neu gefundenes Mittel bringt mir jetzt die ersehnte Potenz. Es blieb leider immer wieder nur ein Wunschtraum. Durch einen Pressebericht wurde ich auf Ihr Trimmkondom aufmerksam. Der Bericht wirkte auf mich überzeugend, trotzdem war ich sehr mißtrauisch durch die in der Vergangenheit gemachten Erfahrungen. Überrascht hat mich wirklich Ihr Trimmkondom. Für mich ist es bis heute noch wie ein Wunder. Schon nach der ersten Anwendung konnte ich spüren, wie mein Glied so kraftstrotzend in dem Trimmkondom unter Vakuum gesetzt wurde, daß es sofort zu einem Intimverkehr mit meiner Partnerin kommen mußte. Zur Aufrechterhaltung meiner Erektion legte ich schnell einen Liebesring über die Peniswurzel und die Versteifung meines Penis war so kraftvoll, für mich vollkommen neu, nicht wie bisher, daß mein Penis während des Aktes immer weicher und kleiner wurde, nein, jetzt verlief der Intimverkehr völlig umgekehrt. Das Glied wurde immer kraftvoller und noch nie konnte ich den Verkehr zeitlich so lange ausüben, und zwar länger als jemals zuvor in meinem Leben. Für mich ist das noch bis heute wie ein Wunder."



Nüchtern betrachtet, ist dieser Erfolg ein ganz logischer Vorgang. Durch den erzielten Unterdruck wird Blut in den Penis gesaugt und der überzogene Liebesring verhindert den schnellen Blutrückfluß. Gleichzeit wird durch gewisse Reize der Schwellkörper mit Blut versorgt.

## Das Intim-Potenzkondom

Eine weitere Möglichkeit, ein erfülltes Liebesleben zu genießen, ist der Einsatz des Intim-Potenzkondoms. Das Intim-Potenzkondom ist 19 cm lang und hat einen Durchmesser von 4,5 cm. Außerdem enthält das Kondom ein 3-Wege-Ventil, was ein Abnehmen der angeschlossenen Pumpe erlaubt, ohne den Unterdruck zu verlieren.

Die Anwendung des Intim-Potenzkondoms ist der Anwendung des Trimmkondoms ähnlich. Vor Gebrauch muß lediglich die Innenseite des Kondoms sowie das Glied mit einer fetthaltigen Creme satt eingerieben werden. Durch Betätigung der Vakuum-

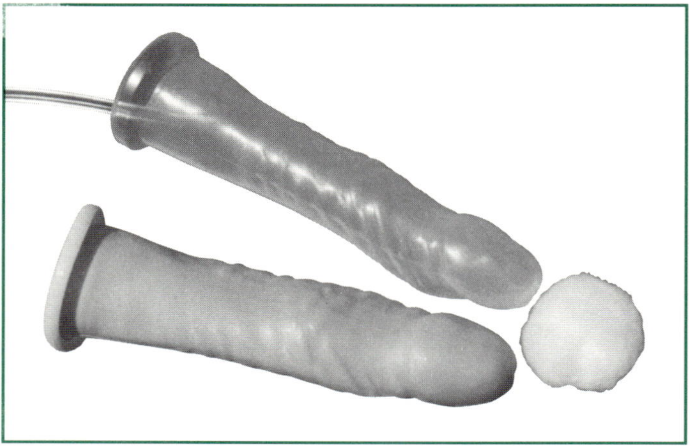

**Abb. 15:** Das Intim-Potenz-Kondom

pumpe wird das Glied in das Kondominnere gesaugt. Auch hier entsteht innerhalb von Sekunden eine kräftige Erektion. Wegen des Drei-Wege-Ventils kann man nun die Pumpe abziehen und den Intimverkehr durchführen. Allerdings empfiehlt sich noch zusätzlich die Anwendung der passenden Elastik-Hülle, die über das eingecremte Intimkondom gestülpt wird. Das Glied ist somit nicht mehr sichtbar, aber rein physisch ist dieses nun weichteilüberzogene Intimkondom angenehmer zu spüren.

Dieses angelegte Teil ist für beide Partner ein äußerst hoher Lustgewinn, nicht zu vergleichen mit einer normalen Prothese, die dem Mann keinerlei Gefühle bringt. Im Vergleich hat er in diesem Intimkondom eine kraftvolle Erektion, die Männer und Frauen zu höchsten Lustgefühlen tragen.

Unabhängig von der Potenz, bringt diese Art „Power“ und Abwechslung in den oftmals eintönigen Liebesalltag. Erlauben Sie mir bitte, daß ich die Erzählung eines Mannes zitiere, der mir voller Begeisterung geschrieben hatte.

„Seit einigen Wochen besitze ich Ihr Intim-Potenzkondom. Ich bin 59 Jahre alt und meine Lebensgefährtin ist 56 Jahre alt. Ich bin Witwer und lebe jetzt mit dieser Frau seit sechs Jahren zusammen. In dieser Zeit verlief unser Sexualleben recht abwechslungsreich. Wir sprachen recht offen über Sex. Eine sexuelle Erfüllung konnten wir jedoch beide nicht erfahren, denn in all den Jahren hatte meine Lebensgefährtin nie einen Orgasmus. Ich hatte oft Angst, meine Freundin zu verlieren, da ich weiß, daß mein Penis recht klein und beim intimen Verkehr kaum spürbar ist. Schon der Gedanke beflügelte mich jedesmal, meine Freundin mit einem großen Glied so richtig auszufüllen. Wir machten uns alle beide immer damit an, und ich wußte, daß das meiner Freundin sehr zusagen würde. Es war aber leider ein Wunschtraum, der sich wohl nie erfüllen würde. Aber jetzt, seit der Benutzung Ihres Intimkondoms, ist meine Freundin so von Liebe angetan, daß sie praktisch nicht genug davon haben kann. Sie ist regelrecht wild auf Intimverkehr und will zweimal täglich diese Lust erfahren. Es fällt mir nicht schwer, ihr diesen Wunsch zu erfüllen. Sie kommt in dem 20 bis 30 minutenlang andauerndem Intimverkehr mindestens ein halbes Dutzend mal zu einem Orgasmus. In dieser halben Stunde gebärdet sich meine Freundin so wild und hemmungslos, wie ich das mit meinen 59 Jahren noch nie erlebt habe. Mit dem Intimkondom ist das für mich eine Kleinigkeit, meine Freundin ausdauernd zu befriedigen. Durch Betätigung der angeschlossenen Vakuumpumpe wird meine Lust immer wieder gesteigert, wodurch ich unterschiedlich starke Erektionen herbeiführen kann. Ich verspüre das Glied in dem Intimkondom lustvoller durch die Saug- und Druckwirkung der angeschlossenen Vakuumpumpe, als bei einem normalen Intimverkehr mit meiner Freundin. Diese betont immer wieder, daß Ihre Scheide beim Intimverkehr immer voll ausgefüllt ist. Das Interessante ist für mich, daß ich meiner Freundin jederzeit diesen Wunsch erfüllen kann, wenn sie intim mit mir werden möchte, ohne daß mich das anstrengt."

Hierzu möchte ich noch bemerken, daß die Durchführung des Geschlechtsverkehrs mit aufgesetztem Intimkondom bei einer Stellung von 90 Grad zu empfehlen ist, d. h. die Frau setzt sich aufrecht auf ihren darunter liegenden Partner.

# KAPITEL



## Training zur Beseitigung von Prostatabeschwerden

## Vorbeugen und Heilen

Die Unterdruckmethode, ganz besonders in Form der von mir weiterentwickelten Geräte, verspricht gerade bei Prostataproblemen ausgesprochen gute Behandlungsergebnisse.

Durch die lokal angewendete Unterdruckmethode werden auch innenliegende Organe mobilisiert. Wie von einem Schwamm, werden Blut-, Lymph- und Zellflüssigkeiten konzentriert angesaugt. Bei anschließender Entspannung fließt der Strom in den Kapillaren zurück. Nach einigen Minuten der Anwendung werden sie gedehnt und weiter geöffnet. Tief verankerte Schad- und Giftstoffe werden herausgelöst und abtransportiert. Anschliessend werden diese Stoffe vom Körper ausgeschieden.

Diese Saug- und Entspannungsvorgänge sind nachweislich heilend für den gesamten Organismus. Erfolgreiche Selbstanwendungstherapien ließen sich auch nach Operationen feststellen. So wird das Narbengewebe stärker durchblutet, was zu einer erhöhten Elastizität führt. Nach einer Prostataoperation sind Muskelschwäche und Entzündungen nicht selten auftretende Risiken. Durch die Unterdruckmethode können diese Symptome positiv beeinflußt werden.

Wenn Sie unter Prostatabeschwerden leiden, sollten Sie immer einen Arzt aufsuchen. Allerdings empfehle ich Ihnen, nach Möglichkeit eine Prostata-Operation, wegen der häufig auftretenden Komplikationen, zu vermeiden. Impotenz ist oftmals eine der „harmlosesten“ Nebenerscheinungen. Nach solch einer Operation kann es zu Blutungen und immer wieder auftretenden Infektionen kommen. Als Spätfolge müssen Sie auch mit einem verminderten Harnstrahl und einer Verengung der Harnröhre rechnen. Es kann sogar so weit gehen, daß Sie den Harn nicht mehr halten können. Eine Entzündung der Nebenhoden läßt sich ferner nicht ausschließen.

Bitte verstehen Sie mich nicht falsch, ich möchte hier keine Panik verbreiten. Wenn eine Operation unerläßlich ist, möchte ich

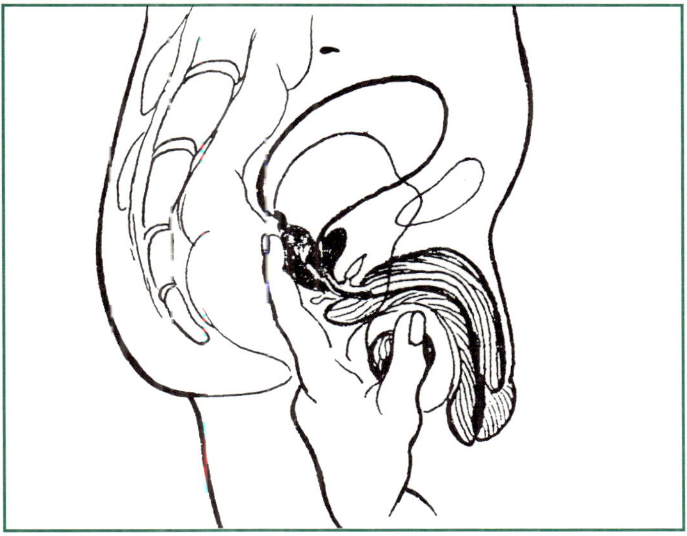

**Abb. 16:** Die Prostata-Untersuchung



Ihnen diese auf gar keinen Fall ausreden. Allerdings hat sich gezeigt, daß durch Anwendung der Unterdruckmethode, bei den ersten Symptomen angewendet, eine ganz entscheidende Besserung erzielt wird. Lassen Sie es deshalb nicht so weit kommen. Gehen Sie regelmäßig zu einer ärztlichen Untersuchung. Bevor Sie allerdings Ihr Schicksal einfach hinnehmen, sollten Sie diesem alten Naturheilverfahren vertrauen!

Beugen Sie der Prostatavergrößerung vor, reduzieren Sie das Risiko, an Prostatakrebs zu erkranken.

## Die Prostata-Untersuchung

In Gesprächen mit meinen Kunden erfahre ich immer wieder, daß viele Männer eine Scham haben, dieses Leiden offen auszusprechen. Dies kommt vermutlich daher, daß Sie denken, durch Auftreten eines solchen „Gebrechens", als alt „enttarnt" zu werden. Die Prostata gehört ja zu den Sexualorganen. Doch diese Angst ist selbstverständlich völliger Blödsinn. Durch Verschweigen, d. h. durch Verzögern einer ärztlichen Untersuchung, lassen Sie der Krankheit die Möglichkeit, sich immer stärker auszuprägen.



## Helfen Sie sich selbst

Die Untersuchung der Prostatadrüse durch den Arzt gehört sicherlich nicht zu den angenehmen Dingen, sie ist aber von äußerster Wichtigkeit. Durch Tasten des in den After eingeführten Fingers kann der Arzt Veränderungen an der Prostatadrüse feststellen. Im höheren Mannesalter liegt die derzeitige Krebsrate bei ca. 30 %. Das heimtückische an dieser Krankheit ist, daß oftmals über sehr lange Zeit keinerlei Beschwerden auftreten. Dadurch bleibt die Krankheit unbemerkt, der Mann sieht keine Veranlassung, eine regelmäßige Untersuchung aufzusuchen.

Da durch die lokale Unterdruckmethode der Krankheitsprozess äußerst positiv beeinflußt werden kann, sollte jeder Mann mindestens einmal im Monat, zur Vorbeugung trainieren. Die Wahrscheinlichkeit, einer Prostatavergrößerung oder gar an Krebs zu erkranken, ließe sich um einiges vermindern.

Ein weiterer gesundheitsgefährdender Aspekt ist psychischer Streß und eine negative Einstellung. Durch eine positive Einstellung und Anwendung der Unterdruckmethode, stabilisieren Sie das Nerven-, Immun- und Hormonsystem.

Bei Prostatabeschwerden hat sich die Anwendung meines Wasserkondoms als ausgesprochen wirksam erwiesen. Die hohe Wirksamkeit wird durch Ausnützung eines einfachen physikalischen Tricks erreicht. Durch den Unterdruck entsteht ein Vakuum, wir erreichen damit den Saug-Effekt. Da das Kondom aber noch zusätzlich mit Wasser gefüllt wird, erreichen wir einen Gegendruck, verursacht durch die Wasserverdrängung. Dies hat einen Press-Effekt zur Folge. Der Doppeleffekt Saugen und Pressen gestattet das Entstehen einer verstärkten Energie. Diese Energie wirkt bis hinein in die einzelnen Organe im Beckenbereich und geht weiter bis in das Gefäß- und Arteriensystem in den Beinen. Hierdurch wird auch das Reiz- und Erregungsleitungssystem mobilisiert.

## Richtiges Training



Die Vorbereitungen für ein vernünftiges Training mit dem Wasserkondom sind die gleichen, wie die des Trimmkondoms. Auch hier müssen Sie zuerst das Glied gut eincremen. Achten Sie darauf, daß das Kondom wirklich ganz abschließt.

Bevor Sie mit dem Training beginnen, müssen Sie das Wasserkondom natürlich mit Wasser füllen. Geben Sie hierzu angenehm warmes Wasser in das Kondom. Die Wassermenge, die Sie in das Kondom geben, richtet sich nach der Größe Ihres Gliedes. Sie dürfen nur soviel Wasser einfüllen, daß nachdem das Vakuum erzeugt ist, das Wasser nicht in den runden Zylinder am Ventilanschluß gelangt. Sollte dies der Fall sein, müssen Sie etwas Wasser entleeren.

Von meinem Wasserkondom gibt es, wie bereits zu Anfang erklärt, zwei unterschiedliche Typen. Wenn Sie mit dem kleineren Wasserkondom (Pumpen-Anschluß vorne) Ihr Training beginnen, müssen Sie den Zylinder leicht nach oben halten, das Wasser fließt dann zum Körper. Trainieren Sie mit dem größeren Wasserkondom (Pumpen-Anschluß hinten), so müssen Sie den Zylinder soweit anheben, daß das Wasser ebenfalls zum Körper hinfließt. Es muß aber in jedem Fall eine genügend große Luftblase im Bereich des Pumpen-Anschlusses vorhanden sein!

Der Vorgang des Pumpens ist exakt der gleiche, wie bei dem Trimmkondom beschrieben.

Bei dem Training zur Verhinderung von Prostatavergrößerung ist es wichtig, eine gute Durchblutung zu erreichen. Zu Beginn

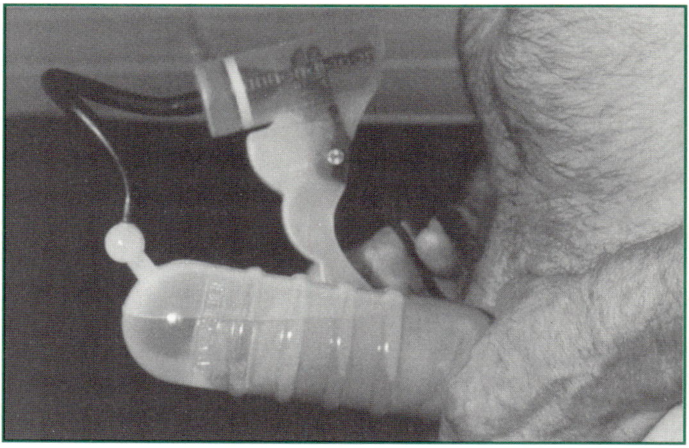

**Abb. 17:** Trainingsbeginn mit dem Wasserkondom

der Anwendung sollten Sie zuerst einen ganz leichten Unterdruck erzeugen. Aus diesem Grund lassen Sie bitte das Druckregulierungsventil leicht geöffnet. Pumpen Sie ca. fünf Sekunden lang. Setzen Sie jetzt ein bis zwei Sekunden aus, der Unterdruck verringert sich, der Penis entspannt sich. Diesen beschriebenen Vorgang wiederholen Sie für einen Zeitraum von ungefähr drei bis fünf Minuten. Während dieser anfänglichen Trainingsphase können Sie auch, je nach persönlichem Empfinden, die Zeit des Pumpvorgangs steigern. Beachten Sie, daß Sie nun aber auch die Zeit des Aussetzens im Verhältnis entsprechend verlängern müssen.

Während dieser ersten Trainingsphase erzeugen Sie einen stark erhöhten Blutkreislauf im Penis sowie im gesamten Beckenbereich.

Durch die verstärkte Durchblutung werden die Blutgefäße erweitert, das trainiert die Schwellkörper zu einer größeren Blutaufnahmefähigkeit. Aufgrund der größeren Blutaufnahmefähigkeit wird das schwammartige Netzgewebe stark gedehnt und zu einer erhöhten Elastizität gebracht.

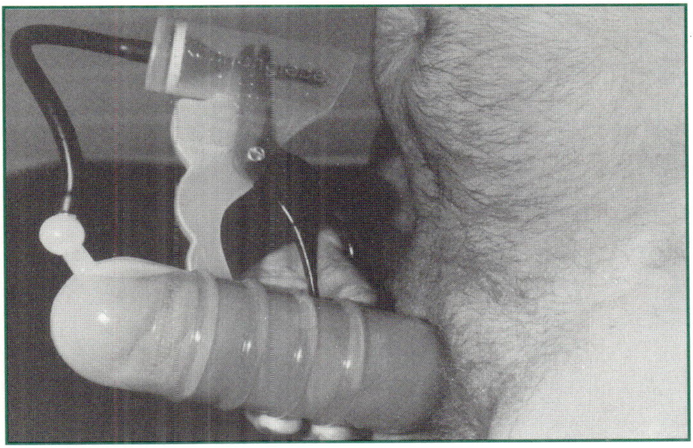

**Abb. 18:** Training bei erhöhtem Unterdruck



Sobald Sie sich mit der Unterdruckmethode etwas vertraut gemacht haben, beginnen Sie mit dem Haupttraining.

Schließen Sie nun den Schraubverschluß des Druckregulierers. Erzeugen Sie jetzt für eine Minute lang einen Unterdruck. Nach einer Minute öffnen Sie ganz leicht das Ventil, Luft dringt in das Kondom ein. Dadurch, daß Luft in das Kondom eintritt, wird der Unterdruck reduziert, das Glied entspannt sich. Diesen Entspannungsvorgang über ca. 30 Sekunden beibehalten. Während Ihr Glied sich entspannt, sollten Sie die Beckenmuskulatur anspannen. Die Beckenmuskulatur können Sie anspannen, indem Sie nachempfinden, Sie würden den Urinstrahl anhalten. Die Anspannung der Beckenmuskulatur sollen Sie nach Möglichkeit über die gesamten 30 Sekunden halten.

Dieses aufgeführte Verfahren, die Unterdruck-Entspannung, wiederholen Sie mehrere Male, bis Sie auf eine Gesamt-Trainingszeit von bis zu 10 Minuten kommen.

Nach Beendigung des Trainings nehmen Sie bitte das Wasserkondom ab. Führen Sie jetzt noch eine leichte Gegendruckmas-

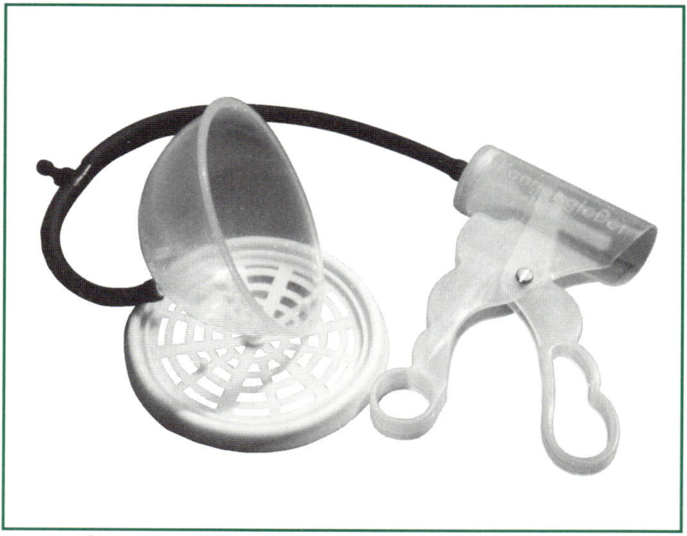

**Abb. 19:** Die Saugschale mit Netzmanschette



sage durch. Bei ausgeprägten Prostata-Problemen empfehle ich Ihnen, dieses Training sechs Wochen lang täglich durchzuführen. Nach den sechs Wochen Training setzen Sie zwei Wochen aus. Nach diesen 14 Tagen Trainingspause können Sie Ihr Training wieder aufnehmen. Zwischenzeitlich sollte der Heilungsprozess so fortgeschritten sein, daß ein tägliches Training nicht mehr erforderlich ist. Sie können nun nach Ihrem eigenen Empfinden das Training fortsetzen. Wichtig ist nur, die Trainingspausen nicht allzu lange zu wählen, sondern (zumindest zu Anfang) zweimal pro Woche zu trainieren.

Dieses Training bringt Ihnen garantiert große Erfolge. Leiden Sie allerdings unter sehr ausgeprägten Prostatabeschwerden und Hämorrhoiden, möchten ich Ihnen noch eine zusätzliche Behandlungsmethode empfehlen.

Das Grundtraining, das heißt das Training mit dem Wasserkondom, bleibt das gleiche. Zusätzlich setzen Sie jetzt noch meine

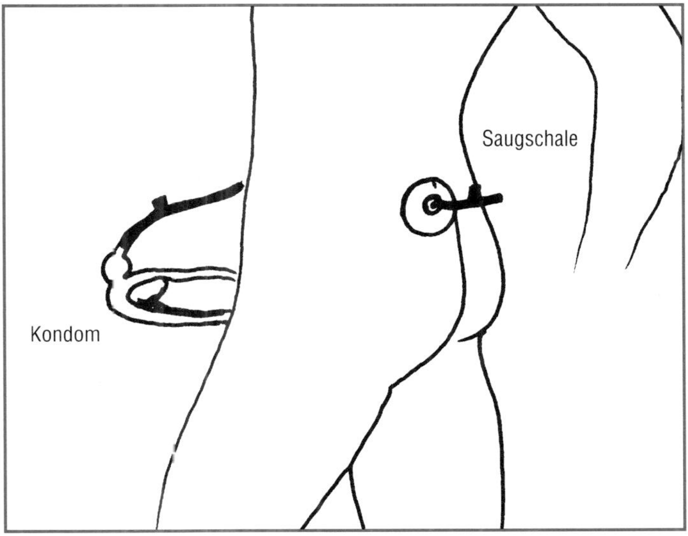


**Abb. 20:** Schematische Darstellung der Doppelanwendung

Saugschale mit elastischer Netzmannschette über den verlängerten Rücken, direkt auf das Steißbein auf. Die Saugschale sollte solange getragen werden, bis das Training mit dem Wasserkondom beendet ist. Sie können natürlich die Saugschale auch ohne das Kondom anwenden, allerdings erreichen Sie mit Anwendung beider Geräte, eine unglaublich effektivere Wirkungsweise, als bei alleinigem Einsatz. Durch diesen Doppeleffekt erreichen Sie einen ausgezeichneten Gesundungsprozeß bei Hämorrhoiden sowie für die Prostata.

Wenn Sie unter Prostatabeschwerden leiden, sollten auch Sie Ihren Konsum von Tabak, Alkohol und Tabletten, kontrollieren!

Lassen Sie mich noch abschließend auf zwei Fälle hinweisen, die Ihnen als kleine Motivation dienen sollen.

Von einem Kunden bekam ich einen Brief, in dem er schrieb: „Nachdem ich Anfang 1991 Probleme mit meiner Prostata hatte, bekam ich einen guten Rat von meinem Urologen ... dieser meinte, ich solle es doch mal mit Unterdruck versuchen. Also beschaffte ich mir das von Ihnen gefertigte Trimmkondom Typ B (Anmerkung: mit meinem neuen Wasserkondom, das es zu diesem Zeitpunkt so noch nicht gab, wäre der medizinische Erfolg noch besser). Nach intensivem Training über einen Jahreszeitraum ist die Veränderung auf normal zurückgegangen, und mit dem Urinlassen gibt es auch keine Probleme mehr. Herzlichen Dank dafür."

Obwohl der Kunde mit dem Trimmkondom trainierte, hat er es geschafft, seine krankhafte Prostatvergrößerung erfolgreich zu behandeln. Einen anderen, für mich ebenfalls sehr beglückender Brief, möchte ich Ihnen noch zitieren:

„Ihr Gerät und die entsprechende Erläuterung der Funktion haben schließlich meinen behandelnden Arzt zu der Ihnen bekannten Verordnung veranlaßt und zu Ergebnissen geführt, die nach 30tägigen Behandlungen alle Erwartungen übertroffen haben. Das Adenom hat sich deutlich zurückgebildet, die krankhafte Steifung des Gliedes tritt kaum noch auf, der Restharn hat sich verringert und die Exprimate im Sperma sind auf ein Minimum zurückgegangen. Wenn ich eingangs von Erfolg in der Mehrzahl sprach, so darf ich Ihnen in diesem speziellen Fall – und nur Ihnen allein – nochmals Dank sagen. Die Unterdruckbehandlung hat mir in der relativ kurzen Zeit der Anwendung ein neues Lebensgefühl gegeben."

# KAPITEL

# Weitere Anwendungsgebiete

# Vorzeitige Ejakulation



Um den Zeitablauf des Liebesaktes zu beeinflussen gibt es einige bekannte Methoden, von der Psyche bis zur praktischen Anwendung. Eine gute Möglichkeit, die vorzeitige Ejakulation hinauszuzögern, besteht darin, seine Gedanken auf teilweise völlig unsinnige Dinge zu richten. Denkt der Mann z. B. an irgendein Problem, das ihn im Büro beschäftigt, so kann solch eine starke Ablenkung vom momentan stattfindenden Liebesakt die Ejakulation kurzfristig hinauszögern.

Eine weitere Möglichkeit, vielleicht zusätzlich zur mentalen Ablenkung, ist es, kurz vor dem Höhepunkt das Glied aus der Scheide zu ziehen. Drücken sie nun die Eichel mit Daumen und Zeigefinger kurz zwei- oder dreimal kräftig zusammen. Dies führt zu einer vollständigen Entspannung.

Viele Männer leiden aber auch darunter, daß der Liebesakt gar nie zur Ausführung gebracht werden kann, da ein Erguß schon sehr viel früher zustande kommt.

Für diese Männer bietet die lokale Unterdruck-Therapie auch eine große Hilfe. So ist es erwiesen, daß bei regelmäßigem Training mit einem meiner Kondome eine wesentlich größere sexuelle Leistungsfähigkeit erreicht wird. Sollten Sie aber am Anfang des Trainings stehen und möchten bereits jetzt sofort Ihren Liebesakt verlängern, so bietet sich der nachfolgend beschriebene Trick geradezu ideal an.

Sobald Sie einen Erguß hatten, vielleicht verursacht durch das Vorspiel oder durch Selbstbefriedigung, setzen Sie das Trimmkondom an. Erzeugen Sie jetzt auf die bekannte Art und Weise einen starken Unterdruck. Sie stellen nun fest, daß die Erektion bestehen bleibt, die starke sexuelle Erregung ist nun aber deutlich reduziert. Halten Sie den Unterdruck weiterhin aufrecht. Nach ungefähr zehn bis 15 Minuten spüren Sie, wie Ihr sexuelles Verlangen zurückkehrt. Jetzt können Sie den Liebesakt wieder aufnehmen. Durch den Unterdruck erreicht man eine starke Entspannung der Kapillargefäße. Gleichzeitig wirkt der Unterdruck wie eine leichte Betäubung auf die Eichel. Durch die Anwendung der Unterdruck-Methode lernen Sie, Ihren Körper besser zu kontrollieren.



## Körperliche Schwächen nach einem Erguß

Welcher Mann kennt das nicht, nach einem Beischlaf vollständig erschöpft zu sein. Der Körper ist wie ausgelaugt, jeder erotische Gedanke ist schon unangenehm. Man möchte nur noch seine Ruhe haben.

Diese Ursachen können vielfältiger Natur sein. Sie können zum Beispiel durch Streß, Konsum von Suchtmitteln, Medikamenten-Einnahme oder gewisse Krankheiten bedingt sein. Diese Symptome treffen vordergründig auf Raucher zu, die dann nach einem Liebesakt eine Zigarette zur Entspannung benötigen.

Konditionsmagel ist dann auch bei einem Mann sichtbar festzustellen, denn das nach einem Liebesakt schlagartig zusammenschrumpfende Glied ist ein sichtbares Zeichen von körperlicher und/oder geistiger Schwäche.

Mit der lokalen Unterdruck-Therapie können diese beiden Ursachen höchst positiv beeinflußt werden. Nach einiger Zeit der Anwendung wird die Erschöpfung abgebaut, es entwickelt sich die für einen befriedigenden Geschlechtsverkehr notwendige Energie. Die Erschöpfungszustände sind wie weggeblasen, das sexuelle Verlangen wird allgemein verstärkt, selbst im betagten Alter. Gleichzeitig erreicht man aber auch ein Aufbauen des Selbstvertrauens und der Psyche. Diese positiven Symptome verspürt der Mann, sobald er sein richtiges Training gefunden hat. Dies wird der Mann aufgrund sichtbarer Veränderungen feststellen, das Glied bildet sich nicht zu schnell zurück. Die optische Veränderung wird auch von seiner Partnerin wahrgenommen.

## Blasenschwäche und Harninkontinez



In Deutschland leiden etwa 15 % der Frauen und etwa 8 % der Männer, meist im fortgeschrittenen Alter, unter Blasenschwäche oder Harninkontinenz.

Experten schätzen, daß die Mehrzahl der Patienten fünf Jahre oder länger unter Schmerzen leiden, bevor Sie endlich einen Arzt aufsuchen. Viele leiden unter solch starken Hemmungen, daß sie erst sehr spät medizinische Hilfe in Anspruch nehmen.

In der Regel beginnt die Krankheit relativ „harmlos". So können z. B. beim Husten oder bei körperlicher Belastung, wie etwas hochheben, einige Tropfen Urin nicht mehr gehalten werden. Sehr schlimm und äußerst unangenehm wird es für den Betroffen dann, wenn der Urin bei einem geringen Druck überhaupt nicht mehr gehalten werden kann. Häufig werden die Betroffenen auch im Schlaf überrascht.

Um die Blasenschwäche wieder zu verbessern, ist die Unterdruckmethode die Hilfe zur Selbsthilfe. Ich möchte Ihnen hier auch wieder das Wasserkondom empfehlen, da es sich in den klassischen medizinischen Fällen als effektivstes Werkzeug bewiesen hat. Wichtig ist, daß Sie bei der Anwendung großen Wert auf ein Einbeziehen der Beckenmusklatur legen. Bedingt durch die verstärkte Durchblutung und die entsprechenden Druckübungen entsteht oftmals schon nach einigen Übungen eine deutliche Besserung. Zu Beginn des Trainings, sollten Sie sich am Training bei Prostatabeschwerden orientieren.

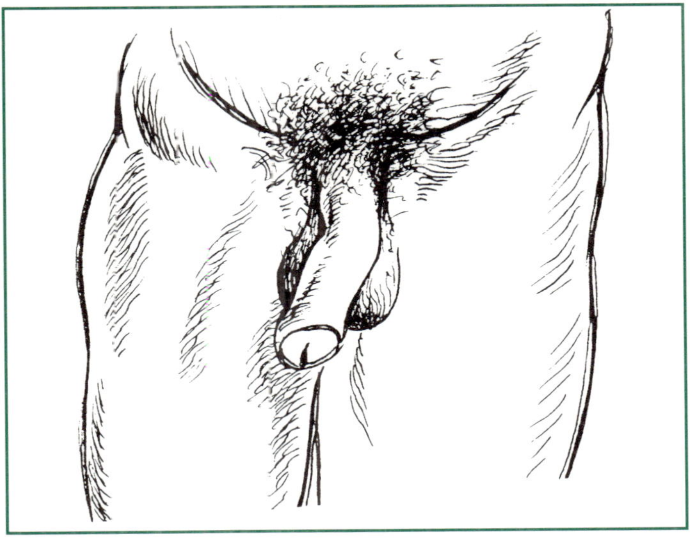

**Abb. 21:** Die Penisverkrümmung



## Penisverkrümmung

Die medizinische Penisverkrümmung kommt zum Glück nur sehr selten vor. Für den Betroffenen ist diese Krankheit eine sehr unangenehme Angelegenheit. Bei einer Erektion entstehen unangenehme Schmerzen. Der Geschlechtsverkehr ist praktisch nicht mehr möglich. Anmerkung: Eine medizinische Verkrümmung ist theoretisch an allen abstehenden, beweglichen Organen wie Zehen, Finger und Penis denkbar. Eine Heilung der Penisverkrümmung ist nach heutigen medizinischen Erkenntnissen nicht möglich. Als einzige Möglichkeit besteht ein operativer Eingriff, bei dem die Spätfolgen nicht absehbar sind.

Hierzu möchte ich an ein Fallbeispiel erinnern, das schon einige Jahre zurück liegt. Ein verzweifelter Kunde schilderte die oben aufgeführten Symptome. Der Mann stand kurz vor einer Operation in der Uni Klinik Köln, man wollte ihm auf einer Seite des Gliedes einen Keil herausoperieren. Der Termin für den Krankenhausaufenthalt, die Operation, alles war schon festgelegt. Trotz des weitfortgeschrittenen Krankheitsverlaufs habe ich dem Kunden ein Trainingsprogramm aufgestellt, das er vor dem Operationstermin auf jeden Fall ausprobieren sollte. Zur Motivation sagte ich ihm noch, daß das Training auf jeden Fall das Hautgewebe elastifizieren wird, was dem Heilungsprozeß nach der Operation wenigstens zugute kommt.

Nach sechs Monaten meldete sich der Mann wieder bei mir. Er war sehr glücklich, denn durch Anwendung der Unterdurckmethode trat bei ihm eine 50 % Besserung ein – die Operation war nicht mehr notwendig!

Einem anderen Kunden, der eine Penisverkrümmung von 80 % hatte, stellte ich ebenfalls ein Trainingsprogramm auf.

Diesem Mann habe ich ein sog. Elastizitätstraining empfohlen. So mußte er täglich, entweder drei mal für rund 20 Minuten oder einmal für eine Stunde, trainieren. Ich empfahl ihm, mit geringem Unterdruck zu beginnen und das Kondom häufig abzunehmen. Alle zwei Minuten nahm er das Kondom ab und massierte 30 Sekunden sein Glied. Das Training durfte er aber nur so vornehmen, daß er es körperlich als angenehm empfand. Nach vierwöchiger Trainingszeit mußte er eine Woche aussetzen, um dann in der nächsten Trainingsphase ein verändertes Training aufzunehmen.

Nach regelmäßiger Anwendung der Unterdruckmethode konnte der Mann eine Verbesserung seiner Penisverkrümmung von 60 bis 80 % feststellen.

# Hodenkrebs

Nach Ursachenforschnung dieser Krankheit stellten britische Wissenschaftler fest, daß das Risiko an Hodenkrebs zu erkranken, um über 70 % bei Männern steigt, die im Büro über 10 Stunden am Schreibtisch arbeiten. In der sitzenden Haltung sind die Hoden unter Dauerdruck. Im Vergleich hierzu ist bei sporttreibenden Männern, mit gleicher (Schreibtisch-) Tätigkeit, das Krebsrisiko um einiges geringer.



Diese wissenschaftlichen Ergebnisse zeigen, daß viel Sport das Krebsrisiko senken kann. Mit der Unterdruckmethode ist es zwar leider nicht möglich Krebs zu heilen, aber ich möchte trotzdem allen Männern, die einen typischen Schreibtischjob ausüben, zu einem vorbeugenden Unterdrucktraining raten.

Zu diesem Zweck habe ich ein neues Gerät entwickelt, das die Bezeichnung „Hodenkondom" hat. Der Vorteil der Anwendung liegt darin, daß das Glied mitsamt den Hoden unter ein Vakuum gesetzt wird.

Ein wichtiger Faktor der Krebsprohylaxe ist eine regelmäßige und intakte Durchblutung der Organe. Das führt dazu, daß das Gewebe mit notwendigem Sauerstoff und Nährstoffen versorgt wird. Gleichzeitig findet ein Abtransport, eine Entsorgung der Gift- und Schadstoffe im Gewebe, statt. So fanden Wissenschaftler der United Kingdom National Case-Controll Study Group heraus, daß weitaus weniger Frauen an Brustkrebs erkranken, die ihre Kinder über mehrere Monate gestillt haben. Diese Saugwirkung des Babys bewahrt statistisch viele Mütter, bis ins hohe Alter, an Brustkrebs zu erkranken. Dieses Saug- und Druckprinzip ist bei der lokalen Unterdrucktherapie noch viel effektvoller einzusetzen und zwar mit den entsprechenden Geräten an allen gewünschten Körperteilen.

Abschließen möchte ich die Hodenkrebsproblematik mit einem Hinweis auf die wirklich guten Informationsbroschüren der AOK, nämlich der sog. „Infothek“. So können Sie im Infothek-Heft Nr. 17 einen äußerst interessanten Artikel über die Selbstuntersuchung der Hoden lesen.



## Lokale Unterdruckanwendung zur Behandlung männlicher Sexualstörungen

Die Abteilung für Sexualpathologie des Nephrologischen und Urologischen Forschungsinstitutes in Kiew/GUS hat 197 Patienten, die an Impotenz, Erektionsverlust und allgemeinen Sexualstörungen litten, über drei Jahre lang lokal mit Unterdruck behandelt.

Der Unterdruck führte zu einer verstärkten Durchblutung und zu einer kräftigen Erektion. Die 197 behandelten Männer befanden sich im Alter von 21 bis 60 Jahren. Der Erektionsverlust bis zum Alter von 45 Jahren war psychogen bedingt. 146 Patienten über 45 Jahre gliederten sich in zwei Gruppen. So litten 82 Männer an psychogener Impotenz und 64 an gestörter Hämodynamik (Hinweis auf Gefäßkomponente = Durchblutungsprobleme). Der Unterdruck wurde zwei Minuten bei zwei Minuten Pause insgesamt fünfmal pro Sitzung eingesetzt. Sieben bis zehn Behandlungen wurden durchgeführt. Die Unterdruckbehandlungen bewirkten eine sichtbare starke Erektion.

Der Therapieerfolg wurde dann vermerkt, wenn eine gute Erektion und der Geschlechtsverkehr im Rahmen der altersgemäßen Norm erfolgte.

Von 51 Behandelten unter 45 Jahren waren bei 49 Männern (das sind 96 %) die Störungen dauerhaft behoben. Bei Patienten über

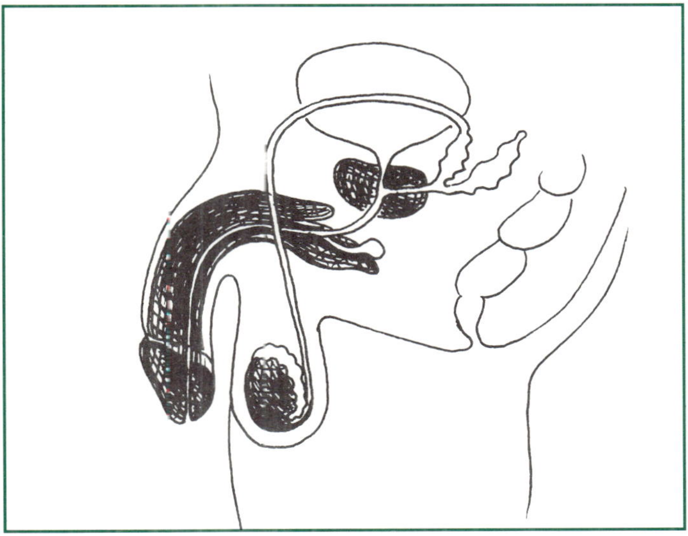

**Abb. 22:** Die männlichen Sexualorgane

45 Jahren trat bei 101 Männern von 146 ein voller Erfolg ein (das entspricht 69,1 %). Dabei zeigten die Patienten mit psychogener Impotenz mit 91 % deutlich bessere Erfolge als die mit Durchblutungsstörungen. Hier konnte ein Erfolg von 40,6 % verzeichnet werden.

Objektiv kam es zu einer Erhöhung des Blutflusses nach der Anwendung des Unterdruckes auf 175 %.

Diese wissenschaftlich gesicherten Fakten sollten für jeden Mann Grund genug sein, Mut und Zuversicht zu finden und der lokalen Unterdruckmethode wohlwollend gesinnt zu sein!

# Zum Abschied

Ich hoffe, Ihnen einige gute Ratschläge zur Behandlung Ihrer Beschwerden oder Vorbeugung gegeben zu haben.

Wenn Sie nun selbst die Unterdruckmethode ausprobieren möchten, dann können Sie die Geräte in jeder Apotheke, in Sanitätsfachgeschäften oder auch im Erotik-Fachhandel bestellen.



Bei Beschaffungsproblemen oder Fragen dürfen Sie sich gerne an die Herstellerfirma wenden. Die Firma hat sich auch bereit erklärt, eintreffende Fragen an mich weiterzuleiten. Ich würde mich freuen, wenn Sie mir von Ihren Erfolgen berichten!

Hier die Adresse der Herstellerfirma:

Fröhle medizinisch technische Formteile GmbH
Postfach 10 03 32
72303 Balingen

Leonard Coldwell Endlich!
Abschied von Ihrer Krankheit
PAPER-POWER
imv

Leseprobe

**Entnommen aus dem Buch**
**„Endlich! Abschied von Ihrer Krankheit“,**
**von Leonard Coldwell.**



## Gesundheit ist kein Zufall

Da wir im Regelfall als gesundes Wesen zur Welt kommen, nehmen wir die Gesundheit nicht ernst genug. Wir halten Sie für etwas vollkommen Selbstverständliches und gehen davon aus, daß die Gesundheit ein Leben lang hält. Doch das ist nicht so.

Am Tag der Geburt beginnt der Kampf unseres Körpers um das Überleben. Schädliche Einflüsse durch unreine Luft, durch konservierte, bestrahlte oder vergiftete Lebensmittel versuchen schon den Körper des Kleinkindes in seiner Entwicklung zu hemmen und das Immunsystem zu schwächen. Dazu kommt häufig eine Streßbelastung, die das Ungeborene schon im Mutterleib erleiden muß. Unser Körper wird also von Geburt an extremen Belastungen ausgesetzt, die er theoretisch gar nicht überleben könnte. Hier stellt sich jedoch die Perfektion der göttlichen Natur offensichtlich dar, denn diese theoretisch tödlich wirkenden Angriffe schaden uns eigentlich relativ selten.

Wenn es nun bei den normalen äußeren Angriffen bleiben würde, wäre das kein Problem. Dieses aber beginnt damit, daß wir durch antrainiertes Fehlverhalten, durch anerzogene und aus Bequemlichkeit angenommene falsche Verhaltensmuster unsere Gesundheit und somit unser Leben aktiv gefährden.

In diesem Buch erfahren Sie, liebe Leserin und lieber Leser, daß Gesundheit zwar Normalzustand ist, jedoch nur so lange, bis Ihr eigenes Fehlverhalten Ihren Körper schwächt oder schädigt, so daß Sie krank werden.

Mit diesem Buch lege ich Ihnen die Gebrauchsanweisung in die Hand, um die Ursachen für gesundheitliche Konflikte zu erkennen und zu beseitigen. Ich meine damit, daß ich Sie in die Lage versetze, sich mit Ihren eigenen Kräften gesund zu erhalten beziehungsweise wieder gesund zu werden. Das einzige, was Sie dafür benötigen, ist Ihr unerschütterlicher eigener Wille, alles Erforderliche für Ihre Gesundheit zu tun.



Das hört sich im ersten Moment ganz leicht an, ist es aber bestimmt nicht, wie Sie in diesem Buch noch erfahren werden, denn überall lauern Störungen, Hindernisse und verführerische Lockungen.

Nein, Gesundheit ist ganz gewiß kein Zufall, sondern das Ergebnis richtiger Verhaltensweisen in allen Lebensbereichen.

Wenn Sie, liebe Leserin und Leser, wissen wollen, wie das geht, dann lesen Sie bitte weiter.

**Auszug aus dem Inhaltsverzeichnis:**

Heilung von schwersten Depressionen
Heilung von Ängsten nach Vergewaltigung
Heilung von unkontrollierter Angst
Die Nichtakzeptanz eines Hüftimplantates

Leonard Coldwell
**Endlich! Abschied von Ihrer Krankheit**
ISBN 3-930554-09-7



Kassettenprogramm
**„Endlich! Abschied von Ihrer Krankheit"**

Zu dem gleichnamigen Buch gibt es jetzt auch ein Tonseminar, in dem Sie Leonard Coldwell persönlich kennenlernen. Lassen auch Sie sich von Leonard Coldwells einzigartigen und sympathischen Art mitreißen!

Gesundheit beginnt da, wo die Eigenverantwortung beginnt, indem man sich klar darüber wird, daß man selbst, ob man will oder nicht, die Verantwortung für seinen Körper hat. Denn Sie sind der einzige Mensch auf der Welt, der Ihr Denken, Fühlen und Handeln kontrolliert. Sie sind der einzige Mensch, der in der Lage ist, einen bleibenden Einfluß auf Ihr Leben zu nehmen.

Leonard Coldwell
**Endlich! Abschied von Ihrer Krankheit**
**– das Tonseminar**
ISBN 3-930554-11-9

Wilhelm Kannengiesser
**Gesundheit für Frauen**
Die Schröpfkopf-Eigentherapie für frauenspezifische Probleme
ISBN 3-930554-10-0

Lesen Sie, wie Sie durch Anwendung einer natürlichen Heilmethode Menstruationsbeschwerden, Gebärmuttersenkungsbeschwerden, Blasenschwäche und Brustziehen entgegenwirken.

Außerdem erfahren Sie alles über Zellulitis, Brustgewebestraffung, Steigerung der Gefühlsempfindlichkeit der Brust und die allgemeine Vor- und Nachsorge-Therapie bei Brustkrebs.